Los Poemas de mi Pubertad

Por

Alberto Ochoa Zamora

ISBN: 1-4140-2687-0 (e-book)
ISBN: 1-4140-2686-2 (Paperback)

Library of Congress Control Number: 2003098841

This book is printed on acid free paper.

Printed in the United States of America
Bloomington, IN

Cover Illustration by Guadalupe Ochoa
Edited by Prospero Alameda &
Emmanuel Alberto Zamora

1stBooks – rev. 1/28/04

Dedicatoria

A mis padres Miguel y Raquel que me dieron tanto sin nada tener.

A mi esposa Virginia Adelaide que me dio siempre comprensión y evito criticar mis sueños de poeta.

A mi hijo Emmanuel Alberto que sin su ayuda no hubiera podido poner mis poemas en una forma ordenada y quien me apoyo en entender un poco los programas de computación, tan esenciales. Y por su ayuda con la reorganización del paginado y el diseño de la portada.

A mi hija Vanessa Celeste que siempre me a demostrado su admiración y me ha hecho sentir bien con su apoyo.

A mis amigos, que aunque pocos siempre me hicieron sentir un hombre rico, por tenerles.

A mi mamá Margarita quien me enseñó desde niño a dar amor; y aun no se me quita la costumbre. Y más nunca me cansare de dar amor.

Gracias a todos mis grandes amores.

Alberto

Prefacio

Los poemas de mi pubertad son el resultado de los consejos de aquellos amigos míos y familiares que me alentaron a ponerlos juntos en un formato en el cual pudieran ser leídos por mas de estos amigos. El titulo aunque insinuativo no abarca ni el principio de lo que me hubiese gustado abarcar. En mi humilde opinión encuentro al mundo entero viviendo sus años púbertizos en esta actualidad del comienzo de un nuevo milenio. Como en la pubertad de un joven, llena de muchos caminos a seguir, muchas confusiones, muchas tristezas y agonías pero también muchas inquietudes y sueños. Las ilusiones de estos tiempos son tantas, tan llenas de esperanzas siempre buscando la estabilidad emocional, la estabilidad hormonal diría un amigo mío. Siempre buscando armonizar los cambios físicos con los emocionales.

Poemas de mi Pubertad incluye un numero de poemas que van desde mi propia relación con el Ser que me creo-Jesús hasta aquellas cosas inventadas e influenciadas por las intimidades compartidas de mis amigos o inspiradas en los pensamientos motivados por uno que otro chismecillo compartido. Tratando de homenajear también a la gente que admiro, que quiero, que amo incluí unos pensamientos homenajeando a mis padres, mis hijos, mi esposa, mi abuela, mis amigos, a todos mis amores que en un momento determinado estos amores ni siquiera tienen nombre. A mi tierra natal, al país que deje y el que me adopto.

Los Poemas de mi Pubertad empezaron a ser escritos por un muchacho de 14 años lleno de ilusiones, de sueños y anhelos cuando aun vivía en mi hermosa tierra, donde yo naciera, El Llano Michoacán, en México. Los Poemas de Mi Pubertad son el sueño mío, un sueño que duro tanto tiempo en convertirse en realidad y al fin aquí les presento esperando los disfruten y les haga recordar esos años ya pasados cuando todo parecía tan incierto y que quizás hoy los haga recordar con melancolía. Y aquellos que aun caminan por las veredas de la pubertad- no se desanimen! A pesar de todas las turbulencias de la misma-siempre vuelve la calma. La vida les traerá la realización de darse cuenta que vale la pena vivir.

Índice

Amor Suave

Descubriéndome

Así Es Mi Vida

Así se desarrolla mi vida...
Es un ir y venir de ideas, de sueños
E ilusiones de amor
Desilusión, desamor, triunfos y fracasos.

Sueños de pubertad
Donde deje todo lo que anhelaba ser
Mis idealismos, pensar hacer tantas cosas
Que creo no las pude todas realizar.

Pero estoy agradecido con la vida
Pues me dio una familia
Muy unida por el cariño de nuestros padres
El amor de una mujer fabulosa
Y el cariño de mis dos hijos
Y mi otro amor... El arte

Agradecido con el Ser Supremo estoy
Pues me ha dado creo mas de lo que he pedido
Y ahora me da la oportunidad
De que compartan conmigo
Mis sueños, mis anhelos, tristezas
Alegrías e ilusiones
Pero más importante
Mis sueños de pubertad

Herencia

Alberto Ochoa Zamora

Tradición

Café con canela
Té de limón con leche
Atole de pochote
Saboreado con anís
Chile de molcajete
Con tomatillo y chile pequin
Tortillas gordas, gorditas de maíz
Tripa e hígado
Tradición, tradición
Buñuelos con piloncillo
Camote tatemado
Atole de elote
Uchepos tiernos con leche
Al amanecer
Tradición, tradición
Tasajos asoleados
Atole blanco de masa
Con un terrón de azúcar
Tradición, tradición
Abuela mía dame tu bendición
Café con canela
Té de limón con leche
Tradición, tradición
Abuela mía dame tu bendición
Conserva de guayaba
Gelatina blanca alimonada
Tradición, tradición
Abuela mía dame tu bendición

Una Guitarra

Una guitarra necesito
Para cantarte una canción.
Una guitarra solamente necesito
Para sentir los arrullos
Que sus cuerdas al sonar me dan.
Una guitarra en serenata
Por la noche me gusta oír sonar,
Acompañando las canciones de amor,
Las de desdén también.
Luego el Mariachi con sus sones
Retumbantes me gusta inmenso oír.
Que me acompañe el mariachi
Que cantaré para ti.
Cantare baladas, cantaré sones
Y si la garganta ayuda,
Las podré hasta 'falsetear'.
Una rosa te traeré conmigo,
El color no importará.
Te entregaré sus fragancias
Todas juntas a la vez.
Una Noche, una Guitarra,
Un Mariachi y una Flor.
Quiero cantarle a la vida.
Quiero cantarle al amor.
Cantarle no sé, a las flores,
Cantarle quiero a mi amor.
Cantar quiero a mis amigos,
Que aunque pocos ellos son.
Una guitarra, una canción
Quiero cantarles hoy…

Quiero Mostrarte Mi Tierra

Quiero mostrarte mi tierra Michoacana.
Quiero enseñarte la tierra de mi gente,
De mi gente mestiza, de mi gente indígena.
Quiero que pongas atención en el trayecto de la charla,
Que en ella te quiero mostrar mi tierra y su gente.
Mira! Tiene de todo!
¿Ves que linda sierra?
Pues aquí yacen los sueños de mis grandes Púrepechas.
Los grandes Tarascos que nunca pelearon
Como tanto lo hicieran otras tribus de mi país.
Mira! Ve aquellos grandes cafetales allá abajo.
Y luego, mas adelante los aguacatales,
Mira que si son lindos pues.
Ven, que casi ya mero llegamos a la famosa Tzararacua,
Esa caída de agua cristalina, como la misma inocencia de un niño Tarasco.
Si, es aquí Uruapan de los indios como dice mi tío,
Orgullosa como la ves con su Parque Nacional
Donde nace el Cupatitzio,
Allí pá la rodilla del diablo.
Oye como canta! Como llora el río!
Como suena al llevar sus transparentes aguas a destinos inciertos.
Ahora ven, te voy a llevar al volcán Paricutin
Cerca de Angaguan el pueblo, de donde mero tu lo puedes ver.

! Ve las fumarolas, pareciera que de nuevo quisiera reventar!!
¿Estas maravillado, verdad?
Los científicos le dan explicación a estas cosas,
Yo solo digo, "Que Grande es Dios"
Dejemos el San Juan viejo y vallamos al San Juan,
Al Nuevo, al de los Conejos ó de las Colchas…
Es allí a donde se ve aquella gente bailando.
Le bailan al Cristo, le danzan y en sus bailes combinan oración,
Combinan rezos de agradecimiento.
Y con su danza combinan su llanto también.
Sígueme que ahora te llevo a la costa Michoacana.
Playa Azul, Lázaro Cárdenas.
Es aquí donde el país tiene casi todo su acero!
¿Y que me dices de estos lagos? Aquel es el de Pátzcuaro.
Que grande es! Es el mas grande banco de pescado blanco de todo México.
La islita que orgullosa lleva en su centro aquel monumento
Al caudillo Morelos se llama Janitzio,
Allí se veneran sus muertos en su mas famosa fiesta del 2 de noviembre.
Mira! Aquellas mariposas blancas todas en medio del lago.
Tienen alas de palomas mañaneras,
Son barquitos que con su va y ven
Pescan los famosos pescados de los que te hablara.
Aquí ya no muy lejos esta Quiroga

Donde el noble fraile luchó por los indios
En contra del conquistador Español, Tata Vasco
se llamaba.
Les enseñó a los indígenas a trabajar la madera,
el barro,
A diseñar tantas cosas, incluso ilusiones.
Ven! Ya llegamos a la Señorial Morelia
Con su grandiosa arquitectura colonial.
Es fenomenal! El aquaducto, el Clavijero,
La Universidad San Nicolás, cuna intelectual del
Padre Hidalgo,
De Morelos también.
Ve El Palacio de Gobierno.
¿ Y que me dices de su Catedral?
No hay palomas ya lo sé.
Vamonos para Zamora de las fresas,
Pasaremos tanto pueblo hermano imposible
enumerar.
Todo el valle es riquísimo en agricultura.
Para descansar un rato de mi pequeño relato,
Vamos a pasear en una lancha en ese
Camecúaro hermoso
Y cuando nos baje el hambre iremos tras'lomita,
A Tangancicúaro a sus famosísimas carnitas…
Cuando descansemos, te seguiré contando,
De esa mi querida tierra, de mi tierra Michoacana.

Alberto Ochoa Zamora

Purhepecha

Tristeza tan llena de melancolía.
Melancolía profunda que tanto me hieres.
Lejano terruño donde yo naciera,
Los años ya tantos no han sido capaces
De hacerme olvidarte, tierra Michoacana.

Indio Púrepecha, tan puro, tan noble,
Que me enseñaste a querer la tierra, el surco,
El arado, la yunta de bueyes, la milpa, los lagos,
También los volcanes, los montes
Los valles, también las praderas.
De todo tenemos en tan linda tierra,
La tierra bendita, tierra Michoacana;
Te llevo en la mente hasta que me muera.

Añoranza inmensa que a ti te recuerda;
Amigo, mi pueblo, mi abuela, mi gente.
Raíces profundas que allá se quedaron.
Michoacán que viva!
Que viva mi tierra!
Que viva! Que viva!
Aunque yo me muera.

Mis sueños de verme pisar esa tierra,
Que mis pies descalzos jugando en sus charcos
siempre que lloviera,
Cruzando las calles todas empedradas de mi
lindo pueblo.
Jugando me acuerdo, al trompo, canicas, a las
escondidas

Y muchas tantas veces a los caballitos que
hiciéramos de jaras
Y si andaba de suerte de un palo de escoba.
Paseos tantos por las nopaleras,
Los que mas recuerdo, por las ócaleras.

Michoacán, te sueño, te anhelo, te grito,
Que un día no lejano tu Morelia Señorial,
Tu Uruapan, tus llanos, los lagos, los montes,
Los cerros, tu sierra volverán a verme,
Tan lleno de dicha y oirán como canto
¡ Lindo Michoacán!
¡ Michoacán Bonito!
Viva Michoacán.

Puerto Vallarta

Vallarta Puerto hermoso del Pacifico,
Puerto tropical del ya famoso México.
Vallarta rinconcito del Estado de Jalisco,
Que con tus oleajes tantas cosas lindas me inspiraste.
Playas cálidas, aguas cristalinas y tibias que bañaron su cuerpo.
Y bañaron el mío.
Aquí pues yo en tus palmeras me inspiro para cantarle a la vida,
Y cantarle a mi amor y también cantarte hoy a ti Vallarta querido.
En tu malecón pasee gustoso con mi amada,
Y en tus arenas cálidas y blancas recostados tomamos el sol.
Sol brillante de Vallarta que calientas la sangre
A hervir de todos los que te visitan.
Y les impregnas a todos tus elixires de amor.
Olas de Vallarta que traen consigo desde el fondo del mar,
Los afrodisíacos salados con su mensaje del amor del mar.

Te Quiero Patria

Oh! Como te quiero patria
Como quisiera tener palabras lindas en mi
repertorio
Para decírtelas todas.
Como amo tu suelo bendito por Dios
Con esos llanos hermosos, esos valles que son
fuente de vida.
Y tus montes verdes que me dan aire puro.
Como quiero tus lagos, tus ríos, tus arroyos;
También tus volcanes quiero,
Que son como tus hijos, con sangre caliente.
No es malo quererte así, patria querida.
No es malo ser patriota hasta la vida dar por ti-
Sí tú así lo quisieras.
Patria, mi querida Patria!!!
Llorando estoy por ti, porque me encuentro lejos,
Muy lejos de ti.
Porque no estoy en ti, aunque tu estés en mi.
Patria, mi México;
Como anhelo volver a pisar tu suelo,
Probar tus aguas, respirar tu aire
Y descansar bajo tu suelo.
Como nací en ti, quiero morir en ti.
Patria!!
Te amo Patria.
México- te amo a ti.

Alberto Ochoa Zamora

La Moon De November

La luna estaba llena,
Como el queso gigante que la comparan.
La observé por horas por mi ventana.
La note sonriente abecés, y seria- vestida de Gala!

Miré a la Luna lleno de melancolía y tristeza,
Añorando los días en mi tierra Michoacana
Donde tal pareciera la Luna más grande era, majestuosa
Y despertara mas romanceras.
La Luna era mas grande y mas brillaba.

La Luna Michoacana, la luna Llanera,
Que salía de atrás del cerro Jaseño
Y se escondía entre la ócalera.

La Luna aquella de mi tierra, alumbraba mis pasos
Aquellos de mis años mozos.
Iluminó aquel primer beso de mis años púbertizos.

Esa misma luna que hoy en California
Con tristeza me miraba a través de mi ventana,
Me decía que volviera a mi tierra-Llanera-Michoacana.
Me invitaba a las noches bohemias y de farra,
Llenas de las serenatas gratas.

La Luna me acuerdo abecés envidiosa de
aquellas fogatas,
De las hogueras que no solo quemaban aquellos
maderos
Pero que también derretían las inquietudes
primeras
De la Primavera juvenil mía,
Que hoy la Luna ve convertida en Otoño:
Lamentando conmigo el irrevocable Invierno
Que se acerca sin que nadie le haya convidado.

Luna de hoy Noviembre 26,
No tengas pena de mí.
No me veas así.
Puedes coquetearme siempre.
Sabes?
En secreto, siempre, siempre te amé a ti.

Shhhh. Cállatelo, si?

Sí, Mis Navidades

Cuantas Navidades tristes me pasé,
Cuando lejos, lejos de mi gente me encontré.
Cuanta la tristeza a mí me embargaba,
Que por eso abecés yo tomaba y embriagaba la tristeza.
Y la tristeza ya borracha, mas tristeza convidaba.
Y con tristeza y copas de licor brindaba,
Por una Navidad dichosa que anhelaba.
Y con copas y con tristeza me acompañaba.
A desearle buenas noches, Noches Buenas!,
Al viento fresco de la noche.
A la soledad que en las calles se encontraba.
Eran me recuerdo, una multitud de soledades.
Y las copas, las tristezas y soledades,
Todos juntos conmigo llamábamos a la reunión
A las gotas de agua cristalinas y saladas, las lagrimas;
Y ellas gustosas quizás venían y nos hacían compañía.
Y así las Navidades me pasaba.
Cuándo lejos, lejos de mi gente me encontraba.

Hombre Michoacano

Hombre curtido por el sol, de tez hermosamente morena,
Como la misma tierra chiclosa de tu natural hábitat.
Hombre de pies descalzos, callosos por tu largo andar del Sirahúen,
Que pisan los curvos surcos abiertos por la flacucha yunta
De aquellos bueyes mansos que heredaste de tus viejos.
Hombre de ojos de mirares obscuros y llenos de melancólica tristeza,
Añorando a los Tatas de en-antes.
Parpadeares tan lindos que tus ojos dan entrada libre
A los mas hermosos amaneceres en la sierra Tarasca,
Llena de un roció escarchado.
Hombre que suerte tu tuviste de nacer en Peribán,
De ser Tarasco, Purhepecha, de ser hombre puro,
Indígena único orgullo que tiene Michoacán.
Hombre tan lleno de Pirecúas divinas,
Que cuando las cantas los mismos Dioses se ponen a escuchar.
Y aplauden

Hombre noble Michoacano hijo de Tzintzúntzan te dedico este pensar.

<u>El Pequeño De Los Ojos Tristes</u>

Una vez, no muy lejano, un día que lo vi, en un pueblecito de esos como hay tantos En la provincia Mexicana, en el Estado de Guanajuato
Me encontré con un pequeño de ojos tristes.
Yo paseaba de turista por esas tierras del Cristo Rey.
Sus ojitos se quedaron gravados tan profundamente
Tan profundamente en mi memoria que hasta hoy le recuerdo,
Como si ya mismo yo le viera, con sus manitas alzadas al Cielo
Pidiendo al transeúnte una pequeña limosna.
Y la gente ya acostumbrada a ser inhumana,
Le arrojaban desde los camiones monedas
De las mas pequeñas que en sus bolsos se encontraban, desde luego.

Que edad, yo digo, tenia aquel niñito de los ojos tristes,
Pues tan pequeño que él era y ya no contaba con su dignidad completa.
No acabo de pensar y tratar de encontrar la razón de tantas injusticias
Que la vida, ò que se yo quien le trae a alguna gente.
Ni siquiera el Imponente Rey del Cerro bajaba su mirada hacia esas criaturas infelices, Que al costado del cerrito del Cubilete vivieran en casas,

Si se les puede llamar casas a las laminas y cartones que formaban sus techos
Y paredes, que sirvieran a tanto niño que como aquel pequeño de los ojos tristes Hicieran su morada.

Que será ahora de aquellas tristezas, de aquellos bracitos que alzados hacia el Cielo: Pedían tanta cosa! No tan solo dinero, pedían esperanza, pedían mas Fe.

Quisiera volver ahora al pueblecito aquel para ver si aún existen
Pequeños como aquel mugrosito de los ojos sin luz,
Para ver si el Señor del Cerro Cubilete ha bajado por fin, bajado su mirada.

Caritas inocentes de mi gente.
Caras tristes, mal nutridas, de los niños, tantos, pobres de mi tierra.
Caritas con ojos que brillan, y en su brillo reflejan toda la esperanza del mundo,
Que su suerte algún día cambiará.

El Grito

Que sabe la hiena, animal salvaje refundida en montes, desiertos, perdida en la vida en Chitzmingo, en Tzeo...

El grito que como maullido se oye en la selva de gente.
Grito que en la ciudad de los animales que van de un lado a otro solo gritando.
Cada cual tiene su propio grito y grita conforme puede.
La gente gritaba y grita para decir lo que quiere
Y más cuando la lengua no les sirve de nada.
Cuando al hombre le falta el entendimiento
Y le sobra la codicia, le sobra el despotismo, producto del poder-poder.

Yo oigo un grito que suena a lamento,
Y que cruza arroyos, que cruza montañas
Y hasta las fronteras abecés, fronteras estúpidas que el hombre se trazara.
Este grito grita dolor, hambre, desesperación.
Grita la injusticia de un pueblo que cansado ya esta.
Un pueblo que por ninguna razón quiere dejar a los que vendrán,
Un pueblo lleno de miseria, de crimen.
Crimen patrocinado por el poderoso señor de las casas históricas.

La historia es quizás porque han estado llenas de basura,
Basura que luce como vestida para un baile de gala.
Oigo un grito abecés silenciosos, que hace que el mundo entero oiga aquel lamento.

Pero falta solo un grito mas como el que diera el cura en Guanajuato.
Ese grito que no tan solo des-esclavizara al pueblo americano
Del yugo opresor de la estúpida monarquía.
Varios intentos de Gritos ya hemos escuchado:
El grito de Madero, Zapata, Villa, Martí, Sandino, Cesar Chávez
Y el del comandante Marcos.
Y algunos otros que no han gritado tan fuerte o su grito se desvió al lado equivocado.

Dios mío, ilumina a tu pueblo para que su grito sea tan fuerte
Que hasta el ultimo rincón del Cielo lo puedas escuchar.

Corazón Compartido

Corazón compartido entre tantos mundos
Corazón grande el mío que tienes tanto amor
Corazón que comparte mi mundo Mejicano
Con el Portugués y el Norte Americano
La mujer que yo amo nació en Portugal
Y de nuestro amor dos hijos nacieron.
Nacieron los dos en los Estados Unidos
Y esto nos hace tri-culturales.
Mi corazón se comparte entre tres culturas
De las cuales tres me siento orgulloso
El ser Mejicano, mi amor por mi mujer
Y la gran Nación que a ambos nos acogió
Vio nacer primero a mi hijo Emmanuel
Y después nos dio a mi hija Vanessa
Mi corazón se comparte entre tres naciones
Ciudadano del mundo abecés yo me siento
Corazón compartido entre tantos mundos.
Corazón grande el mío que tiene tanto amor.

Los Caminos De La Vida

Caminos de la vida
Caminos de mi tierra
Mi tierra añorada
Mi tierra soñada

Tierra Michoacana
Pueblo que me viste
Nacer y crecer

Vivir mis años mozos
Llenos del encanto
De la travesura.
Caminos de la vida
Que una vez me llevaran
A dejar mi tierra,
A mi pueblo dejar

Caminos que mis pasos llevaron
A dejar su pueblo, su estado
A su país mismo abandonar
Caminos tantos que mis pies
Andantes llevaron mi rumbo
A andar otros lares,
En otro País.

Caminos de la vida
Caminos de mi vida
Que me trajeron aquí.
Caminos de Michoacán
Que me vieron partir

Alberto Ochoa Zamora

Caminos de California
Que me vieron llegar.
Caminos de la vida…
Me trajeron aquí.

Navidad 1995 En Diciembre, Como Siempre

Another Navidad filled with mucho sorrow
Reflection of the pasts as most of them been' sad.
Nacimiento of the Child that came to give us Paz.
Muy happy we shall be-
He is Bálsamo of Love.

Another navidad filled with Loneliness,
Full of Deseos of returning to those already passed-
Two thousand plus miles South: where there was once Devotion.

Otra Christmas colorful of colores of the War,
Poverty, Miseria, filled with Tears
As big as marbles-crystal-clear full of inocence,
Of the children who have to play with mud,
Outside the castles made of cardbord and tin roofs.

Another Navidad, noisy, filled with cheerful Villansicos
That distract us from the Infant who is being born-
Who is again trying to be born inside our tightened Corazones:....*JESUS*

I am guilty of being Happy,
Of having so much sin merecerlo,
Of having so much to be *thankful*

Alberto Ochoa Zamora

<u>Dedicatoria</u>

Alberto Ochoa Zamora

El Mundo Te Pertenece

Hoy empiezas apenas a ver lo que el mundo te ofrece
Hoy apenas si comienzas a ver lo que tu futuro puede ser hijo mío,
Lo tienes todo, entero por delante de ti
El mundo te ofrece el mejor futuro si así tú lo quieres
Esta en tus manos la bola grande entera que es el mundo

Se que los caminos aunque parecen fáciles de andar así no lo son
En plena adolescencia en la que vives apenas si logras entender
Lo difícil que es tomar los caminos directos, los caminos rectos
Los caminos correctos que debes de tomar, los caminos de Dios

Emmanuel hijo mío te quiero decir
Que hasta hoy solo orgullo me has hecho sentir
Eres un buen hijo lleno de nobleza
Que el Ser Supremo te mantenga esa naturaleza

El ser padre tuyo me llena de orgullo
Y quiero decirte en este poema hijo mío del alma
Que cuando triste tú te encuentres
Cuando algún problema tengas que te cause amargura
Me tengas confianza y vengas a mí para platicar

Alberto Ochoa Zamora

Emmanuel hijo mío le pido al Ser Grande
Que siempre te acompañe
Que el siempre te llene de buenos anhelos
Que El siempre te colme de sus bendiciones
Que Dios te Bendiga siempre Emmanuel

Mi Niña

Chiquita, mi niña preciosa pequeñina mía de mi amanecer
Apenas ayer una bebita tu eras
Y hoy tan deprisa te conviertes en una bella nena
Que prisa tu llevas pequeña preciosa de crecer y ser grande
De crecer y ser grande, de ser una mujer
Mi Vanny chiquilla traviesa
Hija mía que deprisa caminas por tu adolescencia
Que Dios te bendiga mi chiquita linda
Y El este contigo a cada instante y camine dándote la mano
Vanessa, mi Vanny chiquilla traviesa
Chiquilla tan linda, tan alegre, tan feliz
Ojala que el Cielo te llene de dicha y felicidad
Que tu camino el Cielo guié
Que Dios guié tus pasos
Que estos encamine a tu felicidad
Mi niña, mi pequeña, flor de mi amanecer
Acuérdate siempre que tu madre y yo
Siempre bendiciones y encomendaciones
A Dios le pedimos que siempre te de.
Vanessa Celeste, que el Dios Celestial
Siempre te acompañe...

Confidente

Confidente de emociones perdidas, pasadas y lejanas.
Confidente de entrevistas indiscretas, ocultas del sol y de la luna,
Ocultas, llenas de penumbra al medio día.
Confidente de platicas amenas que no hablan de nada y de nadie.
Hablan de silencios abecés eternos sin decir palabra.
Confidente de ojos grandes y serenos que con sus mirares,
Me dicen que todo me lo comprenden y si no. Me lo justifican.
Confidente amigo, amigo mío, mi confidente.
No te has ido y ya té extraño y siento un vacío lleno de soledades.
Amigo mío te deseo buen viaje y que pronto regreses a oír mis confidencias.
Confió que pronto volverás!!!

Un Pequeño Homenaje

Un pequeño homenaje quiero yo rendir
A un hombre que en esta difícil trayectoria de la vida,
Tomo tiempo para escuchar mis risas de niño,
Mis problemas de adolescente,
Y también para consolar mis lagrimas cuando estas aparecían.
Homenaje a un hombre que con lo agitado que la sociedad le exigía moverse,
Siempre se preocupo y se preocupa para tomar de nuevo tiempo para oírme
Y tiempo para darme una caricia, para darme un beso.
Homenaje a ese hombre, al gran hombre que es mi padre.
A El que me enseñó desde niño que el hombre vale por lo que es, no por lo que tiene, Que los valores espirituales son de vital importancia para sobrellevar
Las trabas que en nuestros ya quizá trazados caminos, nosotros encontraremos.
Por eso el alimento mi espíritu con sus buenos consejos
Y fortaleció mi carácter, con sus buenos principios, siempre basados en la justicia,
En el amor a mis semejantes, en el entendimiento a las causas justas,
Y si, también alimento mi revolucionaria intelectualidad.

Por eso de este pequeño homenaje que le brindo a mi Padre,

Que no solo cumplió conmigo con las ya tradicionales responsabilidades de un padre, Como alimentarme, darme educación, y demás.

Si, yo le brindo a mi padre este homenaje.

Es por que mi padre me dio su amistad, su comprensión, su cariño.

Un pequeño homenaje a ese mi viejo, que ya su pelo empieza a encanecer.

Y que con tanta dignidad Él, mi padre lleva.

Por eso papá, le entrego en estas cuantas letras este pequeño homenaje,

Solo con el fin de reafirmarle lo que ya de sobra sabe:

La gran admiración que por Ud. Yo siento,

El gran respeto que Usted de mi se gano,

Y el gran amor y cariño que siempre nos unió y unirá…

Y para agradecer a Dios por haber escogido para mi,

De los padres todos el MEJOR… Gracias Padre,

Papá, muchas gracias.

AOZ

Mi Abuela

Mamá grande, abuela: Mamá Margarita
Matriarca de las flores y los corazones
Señora de ojos perdidos en el amor.
Amor de abuela, de madre, de hija…de Dios
Mamá Margarita, tan bella, tan linda
Mas linda aún que la misma flor.
Tu corazón tan grande; es enorme!
Me diste tanto amor.
Tu ser mismo es tan grande
Tu corazón grandioso es inmenso!
Solo sabe dar amor.
Tu amor es tan grande que tus nietos,
Sobrinos e hijos de los sobrinos
Y aún los hijos de estos
Te conocen y aman como mamá…
Mamá Margarita.
Como tu nieto me he sentido celoso
Algunas veces de compartir todo ese amor
Amor tuyo con tanta gente.
Pero comprendo que todos te amamos
Tratando regresarte un poquito el amor que nos
das.
Mamá Margarita, tan linda, tan bella y hermosa
Aún mas bella que la misma flor…
Que Dios te Bendiga
Que Jesús te premié
Por tu inmenso amor…
Mamá, Mamá Margarita
Abuela linda, Viejecita
En mi corazón tu siempre estarás.

Matriarca Del Amor

Abuelita, viejecita de cara arrugadita.
Abuelita bonita, hermosa bella flor.
Madre de mi madre bendición de Dios.
Gracias flor celeste por haberme dado,
La madre que me diste.
Gracias por haberme dado de tu rosal la rosa.
La rosa que es mi madre de la cual nací yo.
Abuelita mía, flor Margarita, perfumada flor.
Llena de ternura, llena de amor.
Abuelita, tierna viejecita, cara arrugadita,
Linda bella flor.
Bendiciones del cielo le pido al Ser Supremo.
Que Dios te Bendiga y que tus bendiciones
Dios permita cruzar esos vientos, las distancias,
Las fronteras que nos separan.
Que Dios te bendiga abuelita,
Mamá Margarita...

Madre

Una madre
¿Que es ser una madre?
Siempre me pregunté
Y nunca lo entendí
Pues nunca madre fui
¿Que es una madre?
Siempre me pregunté
Y nunca respuesta yo encontré
Que es una madre me pregunto hoy.
Si yo a mi madre preguntara
Casi estoy seguro que,
Ella me daría algunas respuestas
Que es una madre me pongo a pensar
Y esto lleva mi pregunta a analizar:
Abnegación, desvelo, consuelo.
Bendición, llanto, desconsuelo, dolor
¿Alegría?
Alegría de ser madre
¿Que es ser madre?
Angustia, tristeza, sobresalto.
Corazón congojo, ojos trasnochados
Sonámbulos, llorosos.
Aflicción requerida.
Graduación exigida diplomada,
En la abnegación.
Angustia, aflicción, desvelo
Desconsuelo, tristeza, abnegación
Sobresalto, desespero, dolor
Llanto, lagrimas secas
Corazón marchito.

¿Que es una Madre?
El Jesús en la boca
La noche entera pasar en vela
El rostro surcado de lagrimas
Espesas, corazón afligido.
¿Que es ser una madre?
La que amamanta,
La que cura con la magia del
Sana, sana, sana colita de rana.
La que sin preguntar nada
Lo lee todo en los ojos.
La que conoce los pasos de sus hijos,
Sin seguirlos.
¿Que es ser madre?
Y si le preguntas a una madre
Te diría que ser una madre
Es la más grande Bendición del Cielo

A mi Madre Raquel

Lusitanos-Músicos

Armonía de notas, de tiempos que conjugan la música
Armonía de músicos que unen sus notas,
Y con ellas conjugan las rítmicas y armoniosas-melódicas -
Piezas de esos bellos pasos-dobles,
De esas marchas é himnos
Y hasta alabanzas al que vive en los Cielos
Y desde luego en la tierra.

Lusitanos o no,
Músicos que de igual manera entregan sus mejores notas
Armonizando esa música de viento,
Que vuela por los aires y se juntan ellas,
Las notas, dándole al oído la entrega del alma de estos músicos todos:
La pasión de su sentir.

Vibran de júbilo, de lamento abecés esos instrumentos:
Las trompetas, los saxofones, clarinetes, las tubas y tambores.
Hacen al corazón marcar el paso al compás de la música.

Toquen recio, llenen hasta el último rincón
Con sus notas melódicas, melancólicas.
Toquen quedo y hagan suspirar a los abuelos,
Que de recuerdos se llenan y abecés lloran.

Siéntanse orgullosos de su música
Que nosotros los que la dicha tenemos de oírlos
lo estamos…

A los músicos de la banda Lusitania Band of the
North Bay

Costa Sonomeña

Extrañare las olas de tan ancho mar
Y los robles gigantescos, tan altos de la sierra
costeña.

Como ave pasajera pasé por aquí,
Costa Sonomeña tan llena de limpia frescura que
viene del mar
Y se conjuga con la frescura de los Grandes
Robles.

Observé pasando los amaneceres en Bodega
Bay
Pasé tanta vez incrédulo a llenarme de ellos- los
amaneceres.
Las nítidas luces de los barcos pesqueros en la
bahía.
Paré a ver como el Río Ruso nunca se cansó de
besar al mar en Jenner.
Pasé tanta vez por los pueblos de ensueño: Río
Nido, Monte Río, Cazadero, Occidental, Fort
Ross, todos llenos de Naturaleza.

Extrañaré los aires que se respiran llenos de
libertades plenas
Imponentes paisajes de tan hermosos parajes.

Me voy sin dejar huella pues las tupidas lluvias de
este invierno
Fueron tantas que las borraron todas.

Alberto Ochoa Zamora

La única huella que se queda es en los recuerdos
que me llevo
Y tal vez en los recuerdos que se pudieran
quedar en los que aquí conocí

Tristeza me envuelve por lo que el hombre le
hace a la Madre Naturaleza:
Al desforestar sin conciencia, sin armonía, sin
corazón.

Adiós Costa Sonomeña, espero volver a ti,
Para admirarte de nuevo: solo para admirarte,
Para admirarte una vez mas.

<u>Amigo Alberto</u>

Ayer soñé a mi amigo Alberto.
A mi amigo Alberto anoche soñé.
Alberto es el amigo que más estimaba,
Durante aquellos años pubertizos.
Yo con 16 él con unos dos menos.
Por cierto que en aquellos tiempos casi todo era incierto.
Con Alberto paseaba por aquellos caminos polvorientos de mi pueblo,
Por las callejuelas angostas, empedradas, a veces enlodazas.
Pasear en bicicleta levantados al alba
Salíamos él y yo a ejercitar por los campos,
Los llanos y praderas.
Con Alberto pasaba horas y horas platicando
En la plazuela de nuestra hermosa tierra.

Él y yo, me recuerdo,
Nos auto llamábamos dizque "intelectuales"
Y tratábamos de cambiar la mentalidad machista de nuestros contemporáneos. Tratábamos de entender los conceptos tan errados de nuestra sociedad.
Al mundo entero tratamos de arreglar en vano en una trasnochada,
Pues cuando estábamos cerca de encontrar soluciones
Para los problemas que entonces la sociedad padeciera,
No existía la noche para dos soñadores.

Alberto Ochoa Zamora

En mi sueño vi a Alberto totalmente realizado.
Y me encontré yo mismo luchando tanto con los mismos problemas;
Pero me vi también en el sueño un poco más maduro y sin miedo, ni tan incierto.
Pero a la vez, vi los caminos mismos polvorientos y la sociedad entera en sus años púbertizos.

Amigo Ramón

Amigo que te fuiste sin haber partido
Cruzando la frontera buscando ilusiones
Con el tiempo seguí tu camino
Y en la gran California nos quedamos los dos.
Yo me fui hacia el Norte, te quedaste en el Sur.
Veintitrés años pasaron desde la ultima vez que
nos vimos.
Pasó todo este tiempo, tu hiciste tu vida
Pasó todo este tiempo, mi vida hice yo.
Hoy sé de tu destino amigo mío, mi amigo.
Hoy supe de ti y me puse a saltar de gusto,
Por saber de ti, por oír tu voz.
Mi alegría de pronto se torno en tristeza,
Al saber que el cáncer maldito de la sangre se
apodero de ti.
Mas, que no te venza!
Leucemia se llama la maldita palabra,
Que al colgar el teléfono me hizo a mi llorar.
Amigo de niñez, de juventud, de antaño,
Que por tantos años en mi memoria te quedaste.
Amigo mío, Ramón, ten fe en Dios.
El te ayudará amigo mío a vencer,
A salir victorioso, a sobrellevar lo que tengas que
pasar.
Amigo mío que te fuiste sin nunca haber partido,
Sin nunca haber dejado tu sitio bien ganado en
mi corazón.
Ramón amigo mío a Dios yo le pido,
Que té de salud,

Que aliento y muchas fuerzas y bendiciones El té de.

Tu Cumpleaños

La brisa es fresca en la mañana, frescura juvenil
El amanecer claro al salir el sol empezando un nuevo día, cada día
Tus ojos armonizan la frescura de la brisa mañanera
Y la claridad que tu sol le da al principio del nuevo día sin estrenarse
El comienzo de una amistad nueva, amigo aun no del todo conocido
Mano extendida, franca, sincera-incondicional.
Abre tus brazos al horizonte nuevo,
Al despertar de un año mas que Dios te da de vida.
Al cumplir mas un aniversario que tu ser supo de respirar-
Abre tus ojos a las maravillas del mundo
Que Dios ha creado para ellos-y solo para ellos
Has que tus ojos estrenen el año nuevo de tu vida que hoy comienzas
Vive tu cumpleaños celebrando la amistad de tus amigos
Que un buen día descubrirás que son tu mas grande tesoro
Llena tu pensar de todos esos grandes anhelos
Que cuando menos lo pienses todos ellos los veras realizados.
Feliz cumpleaños amigo nuevo
Sé feliz!!!!

<u>Siempre Tú</u>

Siempre tú mi mano extendida encontrarás
Siempre aquí esperando me verás
Cuando aquel día mi mano te tendí
Mi amistad entera yo te di.

Jamás olvidaré lo grande de aquella amistad
Que Dios siempre ilumine tus pasos
Y siempre haya gente que te acoja en su regazo
Y abiertos siempre te extiendan sus brazos.

Que te vaya bien en todo lo que emprendas
Y algún día de veras tu me comprendas
Amistad entera siempre, siempre existirá
En el fin del mismo mundo, ya veras.

¿Dónde estas?

¿Donde estas único amigo?
¿Dónde te encuentras ahora tu?
Tus alas surcan quizás otros cielos,
Y también quizá ya con otros anhelos.
Único amigo a quien le di mi amistad,
Y compartiera contigo mis alegrías, mis tristezas
Y melancolías, de mis sueños de loco intelectual.
¿Que acaso tu sinceridad también fue fingida?
¿ Tal vez, también como los otros estabas lleno de hipocresía?.
Claro, qué se puede esperar de un pobre ser humano:
Lleno de lo que el mundo entero esta:
De codicias, de mentiras, de borrasca y falsedad.

No sé a donde tu te encuentras hoy,
Pero a pesar de que seas como todos,
Quiero que sepas, que te di mi amistad sincera,
Y esta, cuando yo la doy, la doy eternamente.
Que linda tu presencia en mi vida
Que tristeza tan grande, que tan corta fuera.
¿Dónde estas amigo mío, donde estas?

Un Recuerdo

Cuando el tiempo se acorte,
Y se aproxime hacia lo que la gente llama "el final".
Cuando ya todo el mundo te abandone,
Porque ya no tienes nada que ofrecer.
Cuando creas que es tiempo ya de recordar la vida
Y analizar la misma.
Cuando esto te pase de repente,
En el sueño con pantalla grande;
Y tan solo veas los pequeños detalles luminosos,
Que fueron tus días mas felices.
Busca si puedes entre ellos los que un día nuestra amistad fuera;
Si puedes recordar entonces,
El desinterés que había en esa amistad.
Acuérdate pues que un día ya tan borrosamente lejano,
Te tendí mi mano, y con ella te ofrecí
Incondicionalmente mi humilde amistad.
Y cuando al recordar los tiempos que tan pronto se fueron,
Solo te pido un buen recuerdo, un recuerdo bueno, amigo.

La Mano

La mano que te ayuda a levantarte cuando te ves caído.
La mano que te guía por el mejor camino.
Mano misma que te acaricia la cara
Y seca tus lagrimas que ruedan por tus mejillas.
Mano que te detiene al querer dar un mal paso,
Mano franca la que te sostiene de caer
Y si caes otra vez te levanta.
Mano amiga, amiga mano mía.
Mano que sostienes los dedos con los que escribo estas letras,
Manos mías que lucen mis queridos dedos y uñas.
Manos que bendicen todas las mañanas
Y las noches a mis dos queridos hijos.
Manos que me santiguan agradeciendo a mi Dios Grande
Por todo lo que me ha dado sin yo merecerlo.
Manos que me dan la dicha de sentirme útil
Trabajando, ganando el sustento para mi y mi familia.
Manos que sostienen el estandarte clamando la justicia.
Manos que si necesario fuera un fúsil sostener
Por ande a la lucha de mantenernos libres de opresión alguna.
Manos mías y de los demás.
Que Dios las bendiga
Y a las manos les permita,
Bendecir al mundo,

Alberto Ochoa Zamora

Bendecir a Dios que nos bendice.
Amen

La Luna Se Marchó

Y pasa la luna despacio sin hacer ruido,
De puntitas para que nadie la oiga.
Pasa despacio sin querer llamar la atención.
Pasa tranquila y muy segura de si.

La luna pasa tratando no verme,
Pensando quizás que le voy a reclamar.
Mantiene su coqueta forma de ser;
Pero algo me dice que de ella su novio ya no soy.

Me mira con una cierta tristeza la luna;
Y pienso que me dice adiós y las gracias me da
Por el amor que le tuve;
Por el amor oculto que los dos nos dimos.

La luna se aleja y apenas es agosto.
Me fulmina su mirar de mi querida luna.
Me ve con una pena!
Me ve con tristeza y se aleja de mi.

Y pasa la luna tranquila y traviesa;
Y aún me coquetea como lo hizo siempre.
Pero me deja una gran tristeza,
Por que me deja sin octubre llegar.

Ve luna preciosa, vete gran amor.
No te sientas mal por dejarme aquí
Ya desde hace tiempo supe que algún día,
Tendrías que inspirar a otros señores.
Y que estos señores se enamorarían de ti.

Alberto Ochoa Zamora

Luna, luna mía, siempre te amaré.
Luna, Luna mía, Te recordare.

Juventud

Juventud que cabalgas, que trotas
Entre nubes, entre montañas de nieve.

Juventud de sueños inquietos
De planes fu turísticos, inciertos.

Juventud llena de anhelos y deseos,
De música que va desde clásica hasta
alternativa,
Ruidosa - pasiva.

Juventud que apenas si empieza a soñar:
Los sueños que te harán soñar-
Los sueños que te harán vivir una vida.
Juventud que te impulsará a tu misma vejez.

Juventud envidiada por todos los que ya no la
poseemos.

Vive!
Vive la juventud ahora; sé feliz y sueña
Y lleva adelante tu diario vivir
Alcanza esa estrella que ayer te gusto
Tómala entre tus manos y guárdala en ti.
Y sácala a que te ilumine los caminos cuando
estos se obscurezcan.

Juventud, ya se dijo: Divino Tesoro...

Jilguero

Triste Jilguero que no canta mas;
Que tristeza que a todos de verle contagia!
Canto alegre que ya no trina, ni de noche ni de día.
Apagada congoja que el ave mañanera dejó para siempre.
Jilguero vuelve otra vez a cantar.
Canta el son rítmico, melancólico de la vida otra vez.
Deja el pesimismo que te has tomado tan apecho y trina fuerte;
Trina una y mil veces mas.
No hay destiempo para el tiempo de volver a empezar.

He Encontrado A Un Amigo

Aquella tarde gris, casi obscura en que todo me parecía
Tan irremediablemente insoportable fue que te encontré.
Iba yo enclavado en mis pensamientos miles,
Eran las reflexiones que yo hacia
Y también por ese instante por mi cara las lagrimas corrían.
El parque estaba solo, casi nadie en el había
Y por eso es que en aquel día yo me decidí entrar en el,
Para visitar a una amiga que hacia ya tiempo no veía, ni oía,
A mi eterna amiga Soledad.
Ese día no encontré a Soledad, encontré a alguien mas
Que por cosas del destino o de la vida
De los mismos problemas el se lamentaba.
También lloraba solo en aquel banco
Y fue quizá eso que en común nos decía
Que tu y yo amigos deberíamos ser.

Dicha me embriaga por haber encontrado un amigo.
Dicha que quiero regar por doquier
Y quiero ver reír a todos y compartir el momento de júbilo,
El momento, si el momento.
Alguien quizás ni siquiera se ha puesto a pensar
Lo importante que es en su gran magnitud

Encontrar el amigo que no se tubo jamás.
Encontrar el amigo que con tanto afán busqué
Y que buscando y buscando una vez pensé
Que no lo encontraría, porque no existía.
Hoy me he convencido que de tanta amistad,
Entre mis amistades lo iba yo a encontrar.
Por vivencias y experiencias también encontré
Que siendo cauteloso, con el trato continuo
Se puede llegar a viejo conservando el cariño
Y los afectos mutuos de esa gran amistad.
Que hoy por hoy yo le llamo alegría,
Que hoy y mañana Amigo, Amigo llamaré

Amor Suave

Alberto Ochoa Zamora

Al Despertar

Quiero hoy cantarle al despertar,
Mi canción de amor a mi adorada.
Amanecer y darle una sonrisa,
Y a la vez una suave caricia.
Quiero decirle hoy al despertar,
Lo mucho que mi corazón por ella palpita;
Que mi corazón por ella se ensancha e hincha
a reventar por darle una caricia,
Por darle siempre una tierna y sincera sonrisa.
Quiero hoy al despertar de mis soñares,
Decirle que mis sueños ella siempre ocupa,
Que al despertar, aún mas que mis sueños me gusta.
Quiero pedirle a mi amada, que a mi lado acompañe,
Ella siempre mis amaneceres.

Caprichosa

Caprichosa eres tú
Mas sin embargo eres la mas hermosa
La mas hermosa de todas las rosas que yo
deshoje
Caprichosa eres tú; yo fui tu capricho
La entrega que me diste también te la entregue
Desnudos en la hierba hasta el amanecer,
Cuando el rocío mojo nuestros cuerpos
Y tuvimos que entregarnos uno al otro una vez
más.
Mas solo fui un capricho,
Un capricho en la larga lista de tus gatunas
entregas.
Hoy en un tejado, mañana una azotea
Y como hoy el pasto de este parque.
Caprichosa como siempre eres tú,
He insaciable de amor: tú no té llenas!
Y me posees como las gatas de tejado:
Maullando de dolor y de gozo.
Eres una Gata!!!!

Cara De Ángel

Inocente candor de quien tiene pudor,
Inocencia de niño que se sueña grande.
Inquietos ojos grandes y claros que parpadean coquetos
Parpadean y cierran rápidamente sus ventanales
Ocultando su candor abecés vergonzosos.

Pureza de carácter que su actitud emana
Así por la mañana como al atardecer.
Nobleza pura y fina de aquel que no traiciona
Inocencia ingenua es casi virginal.

Con esa cara de Ángel que abecés se sonroja
Que expresa inquietos sueños que no están en su existir
Así vive la vida tan llena de nobleza
Así es tu naturaza que viva tu vivir.

Con esa cara de Ángel, con tu candor divino
Bendigo a mi destino porque te conocí
Con esos ojos grandes abiertos al cielo
Claros y serenos, tiernos y coquetos
Abiertos con ternura así, llenos de amor

<u>Como He Sufrido</u>

Oh como he sufrido la ausencia de ti.
Ho como he extrañado tus cartas de amor.
Hasta he pensado que ya te perdí.
Mas no es posible que se acabe así.
Pues yo te amo tú lo sabes bien.
Sincero contigo yo siempre lo fui.
Pues digo en la vida no hay por que mentir,
Y en casos como este es mejor decir:
"Que ya no te quiero" y esa es la verdad!

Mas si me equivoco, y me sigues amando.
Seguiré esperando con mucha ilusión,
Tus lindas misivas, oh tus cartas de amor.
Que me hacen feliz y me hacen sentir,
Tan lleno de dicha, tan lleno de ti.
Contesta mi vida.
Contesta mi amor.
Que estaré esperando tu respuesta de amor.

En La Otra Vida

Si en otra vida no te puedo amar
Y en esta aun no lo he logrado
Que pasara amor mío?
Cuando me haya yo marchado

Si en otra vida no fue posible
Mis caricias entregarte
Ni en tu pecho acurrucarme
Solo estuve

Y si en esta vida que ahora compartimos
Aunque juntos no vivimos
No podemos consumar este amor
Que nació de tan solo una mirada

Y si en el momento de mi partida
No pudiera amarte
Creo que cuando este lejos
Estaré viviendo de tu recuerdo

Y solo le pido a Dios
Que me permita amarte:
Que me deje después de muerto amarte-amarte
aun mas.

Incertidumbre

Incertidumbre, palabra que atormenta todo mi ser.
Porque yo te siento lejos, muy lejos de mi,
De lo que vive en mi, de lo que existe en mi.
Oh incertidumbre maldita!
Incertidumbre que a cada instante perturba mi mente.
Maldita incertidumbre que no me deja en paz.
No sé que voy hacer, pues no puedo dejar que la
Incertidumbre se apodere de mi.
Encarnecida lucha será contra esa cosa que no aguanto más
Pues mi incertidumbre es por no tenerte junto.
Voy por las calles abecés contento,
Pensando y hablando, abecés cantando.
Y no me siento triste, me siento muy feliz,
Pero de repente algo pasa dentro de mi… es ella,
Es ella otra vez.
La maldita incertidumbre de no tenerte a ti,
La maldita incertidumbre que no me deja vivir.

Jamás!!!

Jamás podré olvidarme de ti
Jamás podré, lo sé
Cuando mas me propongo y dispongo de olvidarme,
De sacarle de mis pensamientos-
Estos todos de repente son pensamientos todos de ese amor,
Que tenia que ser pasajero...
Pero que se quedo y ya mas nunca se irá.

Jamás podré marchar, ni quiero que se valla.
Me muero de angustia si ese amor se va.
Sé que mis sentimientos no son recíprocos,
Sin embargo, ni siquiera me importa!
Le amo simplemente, le amo y le amaré siempre.
Jamás, jamás, jamás te olvidaré,
Pues por el contrario: Siempre te Amaré...:

De Colores El Viento

Es verdad, el viento lleno todo de sus colores,
Mas de los que después de la llovizna refleja el arco iris.
Los colores del tiempo que conjugados todos de viento,
Nos enseña a mejor entender, si queremos,
Las vivencias de la quizás humanamente-deshumanizada humanidad!
A los vientos los colores les quiere la humanidad cambiar

Los vientos de alegría que las flores nos dan juntamente
Con la sonrisa de un niño satisfecho,
Con su barriguita llena del alimento ansiado.
Por los que el viento no les lleva ni flores ni pan,
Los colores huelen a guerra é injusticia:
Los colores del viento se contaminan a menudo
Por el mal entendimiento existente de los naturales de la naturaleza.
Y las castas humildes son casi siempre los que inhalan
Las podredumbres exhaladas por los que devoraron los colores todos del viento.

Pero es verdad, ahora el viento trae consigo nuevamente
Todos los colores de la esperanza.
El viento trae de nuevo colores primaverales para repartir

Entre todos los vientos de colores todos,
De cuantos colores Dios nos da las flores.
De colores el viento nos trae y nos lleva por entre
la vida.
Abecés los colores forman acuarelas
Los vientos abecés traen colores abstractos

<u>Larga Espera</u>

Déjame que te cuente…

No sabes cuanto tiempo esperé por ti.
Un día pensé que nunca llegarías.
Ahora estas aquí oh que alegría.
Te digo vida mía,
Que amarte cada día,
Quererte mas y más,
Será cosa de a diario,
Te prometo mi amor,
Te juro estrella mía,
Que serás como una diosa,
Te adoraré por siempre… Esposa

Dove

Como un sueño de tantos,
Como una nube pasajera que nunca consolidara
su intentona de llovizna.
Como la tormenta de arena en el desierto, que
con furia quizás pasara,
Pero que atrás solo polvo de arena dejara.
Así quizás pasara aquella paloma mensajera, que
supuestamente trajera,
La encomienda de un aviso que yo nunca
supiera.

Entre que si paro el vuelo, entre que si no.
Solo la vi pasando y sobre-volando mi cuarto, mi
ventana, mas no llegó.
Y esa noche yo no pude dormir. Y si dormí un
poco me la pase soñando.
Y soñé que la paloma mensajera en mi balcón se
posó.
Me invitó a desatar el mensaje que en su patita
izquierda traía.
Acto a seguir, lo leí. Era un mensaje de paz, con
un vocabulario sencillo,
Con una fe y un amor inmenso.
Aquel recado fuera escrito antes de morir por un
grande amigo mío.

Era Él me acuerdo, un soñador empedernido, que
solo le gustaba soñar despierto.
Me decía que soñando así, el podía cambiar el
mundo en sus sueños.

Y también podía manipular si lo deseaba, su soñar.

Era un pensador de haceres y nunca evadió sus deberes.

Pero desgraciadamente él era lo que en su tiempo fuera prohibido ser.

Ser intelectual en su tiempo era como si se tuviese una mentalidad dedicada a los demonios.

Como si el querer mejorar el mundo con ideas nuevas basadas mas que en nada, en la Justicia, en el amor al prójimo, en que todos pudieran perseguir la felicidad…

Fue tan solo un sueño, pues como dije antes, la paloma no llego y tan solo dejo en mi las las nubosidades y los polvos desérticos de algo que fue como un sueño de tantos.

La Luna de Octubre

Noche de Octubre, de luna llena y todo.
Tus ojos reflejaban esa luna hermosa,
Como un gigantesco queso!
Noche que sintiera yo con todo su esplendor,
Y transmitiera todo el coqueteo de la bella luna
Que nos miraba, sin cesar esperando
Y esperando quizás el movimiento de nuestras manos,
Nuestras bocas, nuestros cuerpos.

Escondiéndonos como siempre entre las parras,
Vimos pasar las horas, que a tu lado siempre volaban!
Nunca amé así, como te amé a ti, y te amo.
Nunca olvidaré la tibieza de tu cuerpo,
La carnosidad tan seductora de tus labios.
Y tus ojos, jamás, mas nunca yo los podré quitar de mi pensamiento,
Así me muera yo de viejo.

Hoy se acabó lo nuestro, por tu decisión y acepto,
Que aunque me duele tanto, tan adentro de mi corazón,
Que llora aún mas que mis tristes ojos,
Y sus lamentos acongojan todo mi ser.
Nuestro amor desde el principio destinado a acabarse,
Porque fue prohibido, oculto, de noche.

Ahora solo me quedan los recuerdos,

Y esos todos se quedan conmigo,
Y los guardaré por siempre hasta que me muera,
Y aún ya muerto me los llevaré.
Lo mas bonito que me ha pasado en tantos años,
Lo mas intenso, lo mas sincero se ha ido hoy.

Que Dios te lleve por buen camino e ilumine
Tus andares por la vida, los proteja y los guié.
Yo solo espero un buen recuerdo tuyo.
Y ahora paro pues mi llanto de nuevo corre por mi rostro,
Y no quiero seguir llorando como un chiquillo,
Cómo un chaval!
Te amaré siempre y olvidarte jamás…
Que Dios te Bendiga.

Me Dejaste Solito

Me dejaste una tarde de invierno
Me dejaste solito, solito
Llorando tu ausencia,
Llorando tu amor.

Me dijiste que no te importaba
Irte para siempre dejando mi amor.
Lloré mucho tu ausencia esa noche
Pensé que moría de tristeza y dolor

Me dejaste esa tarde de invierno
Solito, solito, llorando tu amor.
El dolor que sentía en mis entrañas,
Mataba mis sueños, mataba ese amor.

El amor que me diste fue poco
Mas me consolaba con ese poquito
Te marchaste y dejaste en pedazos,
Ese amor bonito solito solito, llorando por ti.

Mis angustias de verme sin verte,
Tocarte, abrasarte mataron mi fe,
De volverme a ver entre tus ojos
Claritos hermosos que tanto yo ame.

Me dejaste una tarde de invierno.
Me dejaste solito, solito llorando tu amor.
Me dejaste, te fuiste y al marcharte,
Mi amor enterraste y hoy no vivo yo.

Ojos

La belleza toda del mundo se ve en tus ojos
Las maravillas todas de la naturaleza se reflejan en tus pupilas.
Y tus ventanales que abecés las esconden son egoístas.
Tus ojos son ternura, son alegría, esperanza y dan confianza
A seguir viendo las cosas lindas de la vida.
Tus ojos son anhelos, son consuelos, son ensueño.
Son tus ojos!
Y verme en ellos lo que más quiero.
Son tus ojos llenos de un coqueteo elegante é inquietante
que despierta emociones miles cuando yo los veo
Y cuando en ellos yo me veo.
Son tus ojos vida entera,
Todo lo que un hombre puede en éste paso del mundo soñar.
Tus ojos son míos y mi vida entera en ellos me quiero yo mirar…

Ojos tuyos, Ojos míos, lindos ojos míos son…

Por Aquellos Momentos

Por aquellos momentos de felicidad
Que juntos pasáramos tu y yo,
Como escondiendo del mundo nuestra gran
amistad;
Amistad que de pronto se convirtiera en amiga;
Amiga que de pronto me dijiste adiós;
Adiós que me doliera tan dentro del alma;
Alma que sin ti ya no vive en paz;
Paz que deseo y anhelo;
Anhelo que solo tu puedes realizar regresando;
Regreso que es ansiado con desesperación;
Desesperación que abecés llega a la angustia;
Angustia que abecés mata al corazón;
Corazón que se siente deshecho por ansiar los
momentos;
Momentos tan llenos de felicidad;
Felicidad que no sé como tu me sabias dar con
sonrisas;
Sonrisas que mas nunca yo he vuelto a ver en
nadie;
Nadie puede nunca llenar el vacío;
Vacío que dejaste al decirme adiós;
A Dios le pido que vuelvas a mí…

Quisiera Ser

Quisiera ser el pensamiento
Que brota desde lo mas profundo de tu ser
Quisiera ser la sonrisa que dibujas en tu boca
La mirada que tienen tus ojos
El tacto de la yema de tus manos

Quisiera ser la almohada donde descansa tu
cabeza,
En tus noches cansadas.
La sabana que acaricia tu piel
La noche que arrulla tus sueños.

Quisiera ser el dueño de todo lo que hay en ti
Alegría, pasión, tristeza, amargura, desilusión.
Pero aun mas importante, la grandeza de tu
corazón.

Quisiera ser el despertar de tu mañana
Estar contigo yo en la cama
Y decirte buenos días mi amor, amor mío.

Quisiera que nunca me apartaras de tu
pensamiento
Y que me llevaras muy adentro de tu inmenso
corazón
Quisiera ser tu tiempo, tu recuerdo, tu anhelo.
Quisiera yo que el cielo posase sobre ti
Hay como quisiera, quisiera ser de ti.

<u>Solo Cenizas</u>

Solo cenizas quedan de la pasión que me diste.
Solo recuerdos quedan del cariño aquel.
Las cenizas el viento tomará cuenta de ellas.
Los recuerdos alguien vendrá y me hará olvidarlos.
Solo pasión me diste, solo pasión pudiste darme.
Mas nunca supiste tan solo un poco de cariño,
De amor tan solo darme.
Por eso ahora solo cenizas quedan de aquella ardiente pasión.
No hubo amor, ahora lo sé, pues lo único que capaz
Tú eres de dar, es pasión, mas nada.
El tiempo contigo fue fuego, ardiente, volcánico, destructor.
Fue tiempo a des-tiempo, vago, vacío,
Sucio, sin siquiera un poquito del buen sentimiento
Que dignifica las castas humanas.
Ahora solo cenizas quedan,
Y es mas, quizás mañana ya ni ellas estarán.

Solo Tu

Solo tu me amas así como me gusta.
Solo tu te atreves a pasar sobre las llamas,
Sobre las brazas ardientes de mí todo.
Solo tu te animas a apagar la lumbre de mi incendio,
Cuando empieza la noche y también cuando amanece.
Solo tu calmas mis ardores de deseo;
y calmas cuando quieres mis fiebres de amor,
Y mis escalofríos de pasión solo tu acabas.
Solo tu me subes y me bajas de las nubes.
Y me dejas a menudo en donde el tiempo ni cuenta,
Porque ni siquiera existe.
Solo tu me tomas y me dejas conforme se te antoja.
Solo tú en mi vida cuentas porque en mi vida,
Solo vives tu, solo tu.

Te Fuiste

Te fuiste y me dejaste triste
Partiste y mas nunca yo te vi
Dijiste que seria solo unos tiempos,
Y los tiempos estos ya se hicieron eternos.
Dijiste soñabas con lo nuestro,
Y de pronto en pesadilla se volvió.
Trajiste cuando estuviste a mi lado,
Felicidad completa, felicidad que ahora ya no
vivo.

Quisiera tenerte entre mis brazos,
Y juntarte a mi cuerpo para sentir tu calor.
Quisiera vivir aquellos besos
Que eran tan traviesos y que ya no vivo hoy.

Quisiera volvieras de la nada
Y como en aquel entonces, mi todo tu tuvieras.
Quisiera sentir entre mi pecho,
Los palpitares recios de tu corazón agudo.
Volver a aquel momento de aquel pecado tenue,
Que hirviera entre mi sangre-
Y que pronto palideciera
Entre las penumbras del elixir de tus ansias.

Te has ido y tal vez para siempre.
Tus alas se abrieron amplias,
Anchas para surcar otros cielos.
Me dejaste tan solo, tan triste,
Tan muerto en el recordar de nuestros tiempos.
Te fuiste caprichosa paloma.

Alberto Ochoa Zamora

Dejaste a mi gorrión cantando sus quitas de amor.

<u>Tengo Miedo</u>

Tengo miedo de que nuestro amor sea en vano
Tengo miedo del dolor y no ir mas de tu mano
Tengo miedo de que el tiempo nos separe
Tengo miedo, pero aguantare
Y viviré aunque sea solo un momento
Tengo miedo de mañana
Porque quizás ya no te vuelva a ver.
Tengo miedo de la distancia
Pues quizás no te pueda mas tener.
Tengo miedo de vivir un solo momento contigo
Tengo miedo, tengo miedo hasta de pensar en ti
Pues siento que te hago daño.
Tengo miedo de decir tu nombre
Tengo miedo de soñar contigo
Tengo miedo de no volverte a ver

Te Voy a Prohibir

Te voy a prohibir que me mires.
Te voy a prohibir,
Que con tus miradas adivines,
Lo que hay dentro de mi.
Te voy a prohibir,
Que seduzcas con tan solo tu mirada mi cuerpo.
Y que con tan solo ver mi cara mi todo tu
desnudes.
Te voy a prohibir que toques mi cuerpo;
Porque tan solo con eso
Mi mente a inmediato me traiciona y…
Te voy a prohibir pues que me beses,
Porque una ves que lo hagas,
Porque una ves que lo hagas,
El volcán que hay en mi hará erupción,
Y su caliente lava a su paso daño quizás pueda
hacer.
No, no quiero que en adelante
Me murmulles al oído cosas que no entiendo.
Pues tan solo tu aliento,
Los trigales espesos mueve
Como el viento cuando sopla fuerte.
Hoy si, si mi amor, te voy a prohibir tanta cosa.
Hoy no quiero mi vida que me veas.
No quiero que me toques,
Ni me hables, ni me digas nada.
Hoy solamente quiero que callada
Te sientes enfrente de mi, y me dejes verte,
Solamente así: calmada, tranquila.
Así, hoy tan solo quiero amarte, así…

Un Beso

Un beso tierno, pasivo, travieso,
Inquieto, lleno de suspenso
Y amedrentado por el roce de sus manos.
Tenia que ser solo eso,
Un solo beso y no más de uno.
La tibieza de sus dedos
Y el cosquilleo de sus uñas
Encamino mutuamente é incontrolablemente
A ese segundo beso, ya un beso apasionado,
Con mas arrebato, con mas desespero,
Mas deseo de llegar al mordisco de amor, de pasión.

Ojos llenos de ternura,
Inquietas interrogativas cohibidas
Que cierran ó abren sus ventanales
coquetos llevando mensajes
Y escondiéndoles de desnudar por completo
Los deseos mas profundos...
Los que vienen del alma,
De donde no existe el tiempo.

Noche de desvelo llena del anhelo
De volver a sentir ese beso, el primero,
Y después, por supuesto el segundo también.
El temblor, la angustia, el miedo de dejar
Que mis manos te tocasen mas por temor
De después no poder contener
El angustioso deseo, de la entrega, la entrega de amor.

Vivir Amando

Vivir amando es sentir las cosas,
Tan bellas y hermosas.
Es creer en mil cosas, sensibles, dichosas,
Que siento y se sienten, que están en tu vientre.
Que están en tu espíritu, en tu corazón.
Pues palpas el aire, las flores, el agua,
Tal y como son, tal y como soy.
Cuando estoy amando.
Cuando estoy buscando unos labios tibios,
Llenos de ternura;
Los labios carnosos que tienes mi amor.
Tus ojos tan claros que reflejan amor.
Tu pelo sedoso que es como una esponja,
Llena de perfumes, fragancias de ensueños,
Fragancias de amor.
Y tu lindo cuerpo, tan suave, tan terso,
Despide un aroma lleno de perfumes.
Tu linda sonrisa que invita a reír,
Que invita a seguir, a seguir amando,
A vivir amando, amándote a ti.

Distancia

La distancia no me ha hecho olvidarte.
Mi pensamiento esta contigo a cada instante
Me imagino que debes estar contenta
Pienso que estas tan contenta
Que poco tiempo tienes de pensar en mi,
Sabes?
No creas que solamente extraño tus caricias,
Fugases y miedosas,

La cercanía de tu cuerpo he extrañado
También tus sonrisas, tus miradas,
Tus bromas, tu juventud, tu jovialidad.

Me queda juventud para guardarte,
Y todos mis recuerdos ya son tuyos,
Me falta la dulzura de tus besos,
Y el brillo de la luz de tus miradas

Regresa en cuanto puedas que te espero,
Mis sueños los compartes cada noche,
Mis ansias de tenerte ya son tantas,
Que en mis noches a solas despierto
Y dormido a ti me entrego

Las distancias que a ambos nos separan,
No han sido capaces de hacerme que te olvide
Mis pensamientos diariamente a ti te pertenecen
Y esperan siempre con sus ansias
De volverte a ver y verme entre tus ojos.

¿Y Porque?

¿Y porque me enamoré de ti?
¿Y porque me enamoré yo así?
¿Me pregunto tantas veces, porque?
¿Porque?
Me pregunto yo digo:
Te encontré por allí en la calle, en una fiesta,
Y de repente sin pensarlo de ti me enamoré.
¿Porque?
No los sé, ni quiero saberlo
Tu amor fue fugas- llego para quedarse.
Para vivir en mí.
Para siempre!!!!
¿Porque?
¿Porque te amé y te amo?
Como un loco estudiantil inocente
¿Y lleno de inquietud-pregunto yo?
Tus ojos, tus mirares lejanos y cercanos.
Tus labios, tus risas, tus alientos…
Los deseos, las ansias de evocar los tiempos sublimes
De las distancias que te acercan al mismo Cielo…
¿Y porque me enamoré de ti?
Que preguntas, que preguntas digo yo,
Te amo y es lo que cuenta.
Amo.
Amo tus respirares,
Tus ojos, tu cara, tu todo:
Me enamoré de ti, te amo.
Para que saber porque te amo.

Te amo, te quiero,
Te amo y punto…

Si Yo Fuera Poeta

Si yo fuera poeta te compondría tanto verso.
Si yo poeta fuera, no tendría problema alguno en
encontrar palabras;
En encontrar los verbos y conjugar no verbos
sino versos.
Si al menos un día yo tuviera la dicha de ser un
poeta.
Juntaría yo las flores todas del mundo
Y les tomaría de todas sus mejores fragancias,
fragancias para ti.
Si yo querida pudiera tan solo ser dueño de un
rato de inspiración,
Aquella que invita a decir cosas bellas,
Que no son pasajeras pero que se quedan.
Todas las nítidas luces del atardecer cuando el
sol se mete a su refugio;
Yo al sol lo haría que su nitidez de tarde la
cambiara de pronto
En su esplendoroso medio día, y luego te lo
regalaría.
Si yo amada de mi sino por tan solo un minuto
Pudiera ser dueño de ese momento,
Lo pasaría contigo y lo pasaría así:
Besando tu boca, acariciando tu pelo y tu piel.
Y tomaría cuenta y tiempo de nuestros respirares
Y de su alteración abecés inmediata;
Y a modo de Sonata ó si quieres de Bolero,
Te entregaría mi todo sin reserva de nada.
Mi no tan solo cuerpo fundiría con el tuyo,
Pero también mi alma y mi espíritu a la vez;

Y después te diría unos versos, claro, si yo fuera poeta.

No tan solo lo haría pero enseguida juntaba los músicos del alba

Y les pediría que cantaran para ti:

Trinando su canto serian los buenos días

Y no pararían de trinar hasta que nuestros cansados amados cuerpos,

Con olor a paraíso, impregnados con olor a la hierba,

De las fragancias de las flores, y las fragancias del amor,

Sencillamente recorrieran nuestros cuerpos poro a poro.

Si yo fuera poeta, si poeta yo fuera,

Las palabras sublimes, las palabras del alma,

Yo si pudiera querida, las sacaba todas y a ti te las decía.

Mas no soy poeta y tan solo me conformo

Con decir que te quiero, y decir que té extraño

Y palabras tan simples como solamente mi vocabulario pobre lo permite.

Solo te quiero decir una vez mas,

Que si yo fuera poeta mis versos todos serian para ti.

Alberto Ochoa Zamora

Amor Dulce

Alberto Ochoa Zamora

El Embrujo De Tus Ojos

El amor que te tengo me hace daño
Pues me convierte a menudo en un extraño
El amor que te doy me deja triste
Pues diluye por completo mis sentidos

El embrujo de tus ojos, de tus labios
Me transporta de repente a las galaxias
Me da emociones pasajeras nunca antes
sentidas
Y me pierden en los abismos astrales-
Cuando tu te marchas

El amor tuyo y mío no existe
Sino en los sueños que se sueñan bien despierto
El amor que te tengo y que me tienes
Nos derrite y nos congela en un instante
Juntándonos magnéticamente en un punto medio
Después nos aleja a los polos distantes
A los que pertenecemos

El amor que nos une y nos separa
Que nos llena de pasión y des-amor
Que nos llena de sueños y de angustia
De alegría y desesperación
Este amor que té profeso y no confieso
Por temor a darme cuenta que no existe
Sino tan solo en el platónico vivir del
pensamiento.

Alberto Ochoa Zamora

Acércate

Acércate a mi pecho
Oye mi palpitar
Mi corazón acelerado esta
Y se me quiere salir.

Bum Bam Bum

Un escalofrío me pasa de repente
por la espina dorsal
Y por mi frente empieza a correr
un sudor frío

Bum Bam Bum

Mi estomago se hace nudo
Y hace ruidos que no puedo evitar
Los intestinos se retuercen
Me dan la sensación de que
Un hormiguero entero por ellos va a pasar

Bum Bam Bum

Acércate y oye mi respirar agudo
Oye los buches de saliva que no puedo tragar
Y la sequedad de mi garganta
Hasta obliga el tono de mi voz cambiar

Bum Bam Bum

Acércate a mí y dame un beso

Y calma mi sed, mi angustia
Mi deseo, dame una caricia
Calma esta resonancia de tambores

Bum Bam Bum

Mi corazón va a estallar
Mi río se va a desbordar
Mi suspiro llega a las nubes
Mi grito al mismo firmamento llega
Grito angustiado de una pasión sublime.
Por fin la calma a mi llega y el
Bum Bam Bum poco a poco
Calmadamente se termina…

Estrella Fugas

Ilusión de encontrar la distancia perdida de los
sentimientos
Ilusión de encontrarse con el buque perdido en
los mares eternos
De los mares perdidos en los abismos inmensos
De los tiempos aun no encontrados en los
silencios nocturnos
Ilusión de tocar con la yema de mis dedos todos y
cada poro
De la brisa perdida en la neblina espesa de mis
pensamientos locos,
Trastornados, llenos de ansiedad, llenos de
deseos,
De pasión no olvidada, de juventud retardada.
Tres estrellas fugases en menos de un minuto,
Como lluvia de estrellas, caminando en la noche,
Ya por la madrugada aparecieron deprisa y
deprisa se esfumaron.
Les pedí tres deseos que más bien fuera uno solo
repetido tres veces
Les pedí fueran míos todos tus pensamientos
Les pedí que tu aliento cerca al mío yo sintiera
Y pedí que tus besos todos tu me los dieras
Esa tarde ya mismo las estrellas fugases me
trajeron tu aliento
Y el viento tan fresco juntaba nuestros labios
Tan siquiera en mi pensamiento, así lo imaginaba
Ilusión de encontrar un fin a las distancias
Ilusión de atreverme a tocarte las manos
Acariciarte los dedos y sentirlos que vibraban

Ante la ansiedad llena de deseos
Ilusión que se pierde de nuevo entre el anochecer
de la tarde
Pasando por las parras convertidas en sombras
Perdidas en el inmenso obscurecer de la noche
Esperando de nuevo una estrella fugas
Para pedirle de nuevo,
Que a ti con mis deseos me traiga una vez más.

El Viento Se Enojó

El viento se enojó conmigo anoche
Rugió con coraje y me arrebató la tranquilidad
Sentí que su enojo era de adeveras
Y sentí miedo cuando el me enfrento.

El viento soplaba con algo de furia
Y de las razones no quería escuchar
El viento soplaba con tanto coraje
Que miedo me daba el quererlo enfrentar.

El viento molesto conmigo silbaba
Y me abofeteaba queriéndome tumbar
Me despeinaba y puños de tierra aventaba a mi rostro.
Estaba furioso el viento conmigo!

El viento conmigo no quería jugar
Como cuando niño en mi tierra natal
El viento molesto conmigo rugía
Y yo no entendía porque se enojó.

Se enojó conmigo el viento
Porque conmigo el no pudo ir,
A donde nadaba en el fondo del mar.
Me perdió de vista y se llenó de celos
Porque el mar besaba mi cuerpo desnudo.

El viento celoso de no poseerme
Se peleo conmigo,
Se peleo con el mar.

Se enojó conmigo
Y me estrelló contra el mar.

Alberto Ochoa Zamora

Luis y Ana

El amor de los dos se acabo de pronto,
Después que los dos se amaran con tanta intensidad.
Los dos se querían y yo creo que aún quedan del amor de los dos,
Cenizas muy dentro, en el fondo de sus corazones.
Ella se caso, y se caso sin amor.
Él dice que la odia, con odio de amor.
Aún cuando se encuentran sus mirares se cruzan,
Y como con rayo láser se transmiten miradas inquietas de amor.
Se fulminan de deseos, se comen con mirares de pasión.
Es tarde ahora!
Pues todo acabó entre los dos…

Cuando Se Pierde La Inocencia

Cuando se pierde la inocencia se pierde también la conciencia.
La sociedad te empuja aligerada a que mientras mantengas la inocencia consolada
Y la conciencia controlada, no puedes pertenecer al circulo que ¨vive¨.
Te empuja entonces la sociedad a que a temprana edad produzcas eso
Que todos llamamos sexo.

Juventud…

Bendita juventud la tuya que cabalga entre nubes altas,
Y en un trotando fugas, desciendes esas nubes.
Juventud que vives tan deprisa
Como queriendo acabar de una vez con tu vejez.
¡Que viva tu juventud hermosa!
Vívela poco a poco para que esta te dure muchas lunas
Y por supuesto muchos soles.
Llena tu juventud de Primaveras,
Que todos los botones abres de tus flores de repente.
Guarda cuando puedas unas flores para adornar tus Otoños é Inviernos.
No corras tan aprisa esos caminos tratando de llegar siempre primero.
Deprisa no se aprecian los detalles,

Alberto Ochoa Zamora

Despacio   en   recuerdos   memorables   se
convierten
Los caminos una vez ya andados.

Noche De Desvelo

Noches de desvelo, noches de anhelo,
Noches en que el cielo pintaba de gris.
Noches que anhelante, desesperadamente del consuelo,
Pasaron todas las noches así.
Noches sin la calma que a las mismas caracteriza,
Ya por tanto tiempo.
Noches mías de insomnio,
Tan obscuras y lejanas de la tranquilidad,
Que la señora luna les sabe dar.
Noches llenas todas del cantar de los grillos,
Y apenas alumbradas, por una ó dos cigarras.
Noches aquellas que en Santo Ángelo pasara;
Alejado del mundo, en la vil soledad;
Una soledad que no me molestara,
Pero que a causa de ella,
Las noches todas ellas, pasara sin dormir.
Todas esas noches salieron a lucir no estrellas,
Solo obscuridades y con ellas,
Las tristezas todas se vinieron conmigo.
Eso fue entonces, en el tiempo de las noches,
Ahora es diferente.
Ahora tengo amaneceres
Y días enteros todos del resplandeciente medio día.
Y tengo también tardes luminosas,
Con su crepúsculo y todo.
Y los amaneceres, oh!
Que Amaneceres!!

Alberto Ochoa Zamora

Con el fresco y cristalino rocío,
Besando siempre las flores...

Atado Murmullo

Platónico vivir del desespero
Del viento, del sollozo, del anhelo.
Platónico murmullo enloquecido,
Del éxtasis abrupto del deseo.
Platónico murmullo que se calla,
Sollozando ansiosamente aquel deseo.

Atado vivo en mis recuerdos.
Muerto estoy en mis vivencias.
Atado estoy en el olvido
De quienes me recordarán tanto.
Muerto, muerto estoy en el vivir de los sueños…
Aquellos sueños que ya no tengo.

Tú mi amiga
Mi cómplice de secretos compartidos
De ansiedades que son una de misterios y
dolores
De cariños y de fugas.
Tu amiga y cómplice
De esperas y mal entendidos
De gritos y silencios
De sollozos y deseos
De citas indiscretas.
A ti te quiero
A ti té extraño pero…
¿Te merezco?

<u>Noche De Estrellas</u>

Noche llena de estrellas
Son tantas que no se pueden siquiera imaginar contar
Algunas son tan grandes y brillantes
Como gigantescos diamantes del Sur de África o Brasil
Noche iluminada por tanta lucecilla que parece Navidad en el firmamento
Algunas luces celestiales reflejan un brillo más intenso,
Otras son mas nítidas, mas todas son hermosas.
Noche llena de ilusiones, de anhelos, de pasiones,
De sueños y de ensueños, inspiración de cuentos de Hadas.
A veces pasa una estrella fugas,
Y a inmediato le pido yo un deseo- un anhelo.
Y un suspiro grande sale de mi corazón.
Noche, noche hermosa, llena y adornada de una constelación
De estrellas, llena de apertura de estreno, adorno pleno de la noche.
Lleno de inspiración de amor.
Luminaria de pasión de amantes que no se esconden de nadie.
Noche llena de estrellas, diamantes luminosos que brillan llenos de amor.

<u>Que Me Importa El Mundo</u>

Que me importa el mundo si no te tengo a ti
Que me importo yo sino estas tu conmigo
Que me importa el tiempo y la distancia
Si ya destruyo mi infancia y mi juventud pasajera

Que me importa mirarte tan solo un momento
Pero verte así contento, como desde el primer momento
Que me importa estar jugando a mirarnos a escondidas
Una hora, un minuto, un segundo, un instante

Que me importa ser quien té esta robando el sueño
Pero yo quiero ser tu dueño
Que me importo yo sino estas conmigo
Que me importa el mundo sino te tengo a ti.

Que Te Importa

Que te importa saber de mis sufrir, si ya no me quieres.
Que te importa saber, que existe en mi la desesperación.
Que te importa saber, que quizás jamás te olvidaré.
Solo quiero que sepas que yo jamás te traicioné.
Que te importa si hoy sufro ó si lloro,
Si con lamentos imploro que regrese tu amor.
Que te importa saber si en soledades,
Abecés tempestuosas yo recuerde tu amor.
Solo quiero que sepas, que el tiempo con el tiempo,
A ti te va a cobrar.
El sufrimiento amargo y los momentos tristes,
Que fueron tantos, tantos, los que pasé por ti.
Que te importa si lloro, que te importa si sufro,
Si al marcharte enterraste lo que fue de este amor.

Sé

Sé que tu vida no es la misma sin mi vida.
Sé que tu extrañas mis decires y mis risas.
Sé que tu corazón ya no lleva el mismo ritmo
Que llevaba cuando el compás yo lo marcaba.
Sé que tus andares por la vida no son largos,
Se acortaron cuando de tajo de ti yo me alejara.
Sé porque he visto tu cara cabizbaja,
Cuando la otra tarde junto a ti pasé.
Sé que llevas contigo una onda herida,
Herida que al marcharme para siempre te dejé.
Sé que sufres y yo sufro también.
Pero esta vez querida golondrina tendrá que ser así.
Porque mi dolorosa partida jamás un retorno tendrá.
Sé que el tiempo borrará muchas cosas,
Y todo a la hipócrita normalidad volverá.
Sé que tu vida no es la misma sin mi vida,
Que fuera de tu vida la misma razón de ser.
Sé que el dolor de mi partida jamás en ti ó en mi se borrará.
Sé que tu vida no es la misma sin mi vida.
Sé que el dolor de mi partida causó en ti una grande herida,
Que jamás ni con el tiempo ha de sellar.

Si Te Vas A Marchar

Si te vas a marchar no digas nada,
Ni tan siquiera cierres la puerta.
No quiero oír el ¨clic¨ que me diga
Que ya vas a partir.
Simplemente vete, vete sin decir adiós.
Yo, yo voy a sufrir bastante,
Mas que más da si así quiso el destino,
Si así lo quieres tu.
Ahora, ahora es el tiempo para ti.
Ve, sigue al destino, sigue tu camino
Que te bendiga Dios.
Que cosas bonitas te pasen en la vida,.
Que tus sueños se realicen hoy.
Ve y déjame triste que me quedo aquí.
No tengas pena de dejarme, de decirme adiós.
Si te vas a marchar, no cierres la puerta,
Y déjala abierta por si algún día quisieras
regresar.

Quisiera

Yo quisiera que la luna se quedara sin estrellas.
Y quisiera que la aurora amaneciera sin sol.
Quisiera que el pasto verde y las flores del jardín,
Se acabaran para siempre, y que todo fuera el fin.
Quisiera que el pajarito no amaneciera trinando;
Y que el gallo madrugando, no amaneciera cantando.
Quisiera en una palabra que no hubiera amaneceres,
Que no hubiera Primavera, que no existiera el Verano,
Que no existiera la mano del amigo que no es.
Yo quisiera que la luna se quedara sin estrellas.
Y quisiera que la aurora amaneciera sin sol.
Quisiera que el viento fuerte soplara con tanta furia,
Que con viento huracanado, este arrastrara con todo.
Son cosas que yo quisiera, quisiera pasarán hoy,
Porque tu te encuentras lejos, porque junto a mi no estas,
Porque extraño yo tus ojos, porque a mi lado no vas.
Quisiera se acabe todo;
Quisiera morirme yo, si tus ojos no me ven.
Y ahora basta!,
De pedir, de decir, que quiero lo que no quiero.
Que lo que quiero eres tu.
Que lo que quiero es tenerte, tenerte cerca,

Junto a mí, para besarte, para estrecharte, para tenerte.

Basta!

Yo quisiera que la luna se quedara sin estrellas.
Y quisiera que la aurora amaneciera sin sol.
Muchas veces me comparo a la luna sin estrellas.
Muchas veces me comparo a la aurora sin el sol.
Yo quisiera que se acaben los amaneceres claros;
Y que las noches se hicieran mas obscuras cada vez.
Quisiera que el río quedara sin agua y el arroyo también.
Que se secaran los mares para morirnos de sed;
Que no lloviera jamás y se secaran las plantas;
Que se secara aquel árbol tan robusto que se ve.
Yo quisiera que la luna se quedara sin estrellas.
Y quisiera que la aurora amaneciera sin sol.
Son cosas que yo quisiera, quisiera pasaran hoy.
Porque tu te encuentras lejos,
Porque a tu lado no voy.
Quisiera se acabe todo si en tus ojos yo no estoy…

Como Me Duele Tu Amor

Hay como me duele tu amor hasta los huesos
Como me lastima tanto amor por ti
Hay que si me duele quererte
Mas más me duele el no tenerte
Y el pensar que nuestro amor se pudiera acabar
Hay que si me hormiguean las entrañas
Por no tenerte a mi lado.
Hay como me matan los celos por no saber
donde estas
Y no saber a donde vas, con quien vas.
Hay que si duele el amor que te tengo
Que si se me cierra el mundo
Amor, mi amor como me dueles.
Me duele tu amor hasta los huesos
Siento que los mismos se me quiebran
Siento cuando estos huesos se parten en
pedazos
Hay como me duele el pensamiento
Por pensar y pensar y tan solo en ti pensar
Me duele tu amor al no querer vivir
Si no te tengo cerca a mí
No me importa la vida
No me importa existir
No me importa nada
Si conmigo no estas
Me duelen las mismas entrañas
Me hormiguean los intestinos
Y en ellos siento un gran vacío
Me duele todo
Me duele el corazón

Alberto Ochoa Zamora

Hay como me duele tu amor hasta los huesos
Te llevo en mi mente al no poder pensar
Me duele quererte y no tenerte
Me duele pensar que un día té iras
Me duele tu amor al no poder
Vivir sin amarte no podré jamás.

Respirar

Ven a respirar entre mis brazos
Y acurruca tu cabeza aquí entre ellos
Escucha el palpitar del corazón
Que tu primaveral cercanía así acelera.

Si algún día me encuentro yo lejos,
Mi corazón se encontrará contigo;
Si algún día te olvidas de nuestro juramento,
Quiero ser yo el del primer lamento.

Escondidos De Nadie

Amores de penumbras
Que se esconden entre las siluetas
De las obscuridades de la noche.

Amores que se ocultan de todos y de nadie
Con determinación de amarse siempre.
Siempre que se necesitan se tienen.
Y se dan uno al otro cuantas veces lo desean.

Amores que se encuentran y se pierden
En las soledades eternas de sus distanciamientos.
Amores que se llenan de vida con tan solo verse.
Que se cuentan mil cosas con los ojos
Tan solo al verse y con los ojos serrados:
Pueden verse enteros sin abrir sus pestañas.

Amores de los que nunca se cansan de amarse,
De quererse, de desearse, de
Entregarse hasta el ultimo respiro.
Amores de los dos que sin buscarse se encuentran
Y se aman y se amarán siempre.

Amores dados de la mano aún caminan.
Como dos novios de los tiempos de antes.
Amores tuyos y míos que resucitan a menudo los recuerdos
Para reafirmar sus amores.

Amores de amigos, de novios, de amantes, de esposos,
Que insisten en amar, amarse.

17 años casados, amándose en penumbras, entre sombras y siluetas nocturnas,
De noche. Y algunas tantas veces al pleno medio día.

Alberto Ochoa Zamora

Lujuria

Alberto Ochoa Zamora

Perdóname

Quisiera pedirte perdón primero que nada,
Por todo lo malo que pude haber hecho cuando
tuve tu amistad.
Perdón por las miles de patrañas que arme y
desarme
En contra de todos los que te rodeaban,
De las mentiras que abecés yo inventaba,
Con el único propósito de llamar tu atención.

Creo que antes de continuar debo decirte que
todo lo hice
Por que quería lograr que te fijaras en mi.
Lo que no era mentira, lo que no inventé,
Lo que fue tan cierto y verdadero como el mismo
viento,
Como la luz, como el agua: claros -sinceros y
nobles.
Los sentimientos que tu me inspiraste
El cariño profundo que te tuve.
El deseo ardiente que me quemaba, al solo verte,
al solo imaginarte.

El respeto que tu me diste y que fuera
correspondido,
La comprensión y mas, nadie nunca en mi vida
me supo dar afecto
De la manera que lo hicieras tu.
Pero tus anhelos estaban bien lejos de mí;
Tus pensamientos eran de otro.
Tu cuerpo le pertenecía a él.

Y yo me moría; me mataba de celos y de rabia
Al pensar que todos tus pensamientos eran de él.
Fue por eso que yo arduamente trame tantas cosas
Que hacían mirar mal a quien tu ya sabes.
Sabes? Era tan difícil siquiera tratar de competir con él.
Porque tu querías "amor de tiempo entero" como me dijiste un día.

Mas quiero que sepas que como tu
Nadie se ha cruzado en mi camino
Y que a Dios le agradezco el que tu hayas estado conmigo,
Que jamás olvidare mientras viva lo lindo que tu amistad me trajo.
Y que en mis recuerdos y en mi mente tu siempre estarás.
Ahora de nuevo a lo que me avergüenza,
Al haber violado la confianza que me dieras
En el sentido que yo aprovechaba tus confidencias
Y las aprovechaba para tramar esas mentiras que te echaba
Y que mas de alguna vez provocara tus enojos con el.
Y yo después aprovechaba tratando de consolarte.

Aún hoy me acuerdo de aquel día
En que por primera vez mi boca te beso
Y tus caricias aún hoy en día cuando me pongo aquella camisola

Que yo llevaba puesta, me hace arder las venas
Y mi cuerpo siente el calor hormigüeante que tus
manos le dejaron.

Ahora que lo sabes, no me trates mal.
Perdóname, perdóname.
Todo lo hice por amor, por amor a ti.

Respiración

Lenta respiración de los leprosos del tiempo,
Porque el tiempo con el tiempo también cría lepra.
Moderada respiración del ciego que sin ver
Siente su respiro y lo siente cuando poco a poco
Con el ansia de ver porque su respiro abecés se acelera.
Profunda la respiración del cuerpo
Del pobre desahuciado en el desierto,
Que no por falta de agua ni de pan,
Pero por falta de lo que siempre le falta al cuerpo.
Respirar mas profundo hasta que el respiro
Extasiado reviente de una explosión, cínica abecés.
Respirar del sexo que nunca se cansa
Y explota esporádicamente.
El humano no come sino solo sexo,
Y con sexo pretende conquistar el mundo;
Y con sexo abecés se pierde en la nada,
Que a su debido tiempo fuera su todo.
Respiración que lenta se vuelve a menudo
En un moderado resuello para poder dar paso pronto
Al desesperado respiro profundo,
Que como pólvora truena, y se quema
Y regresa a moderado, y después a lento
Hasta por siempre esfumarse,… esfumarse como siempre.

<u>Tú Eres La Mujer</u>

Tú eres la dama de todos mis sueños.
La que inspira mi canto,
La que me ha hecho volver a ver la luna,
Las estrellas, y me ha hecho pedirles deseos.
Tú eres la mujer que por las noches
Me envuelves todo entre tus perfumados brazos,
Y no tan solo me invitas a soñar entre ellos,
Pero a compartir cada respiro de nuestros poros,
De nuestros pensamientos, de nuestros cuerpos.

El Tiempo

El tiempo pasó como pasa el viento
Llego también una tarde de verano
Como lo hizo el viento.
Trajo mucho amor, amistad, pasión.

Juventud inocente también trajo consigo
Trajo todas esas cosas mas nunca me las dio
No eran para mi obviamente
Ya su corazón a otro le pertenecía…
O tal vez a nadie,
Digo de nuevo,
Trajo amor, amistad y pasión

Cuántas fantasías eróticas,
Cuantos orgasmos a solas a mí me provoco!
El deseo de una vez tenerle tan siquiera,
Provocaba una erupción de cromosomas,
En mi mente -desde luego.

Y después mis historias empezaban,
Y terminaban en exploraciones selváticas,
De cada uno de mis poros.
Hasta ver y sentir de cada poro,
Salir ríos ya mezclados con las sales del mar.

El tiempo paso como pasa el viento,
Y en cualquier aliento se esfumaba,
Y se llevaba consigo
La juventud alegre e inconsciente
De esas caderas felinas.

El tiempo, el viento se llevo ese amor,
Esa amistad, esa pasión que a nadie le entrego.
Dejando en la yema de mis dedos
El hormigueo amedrentado de tan bella emoción.

Alberto Ochoa Zamora

<u>Sublime Noche De Amor</u>

Sublime noche de amor,
De recorrer con las yemas de mis dedos,
Poro a poro todo tu cuerpo.
Sublime aquel respirar profundo,
De nuestras caricias traviesas
Que sin parar un momento,
En respirares agudos se vuelven.
Sublime aquel decir al oído,
Que gozamos como Verano ardiente
Nuestra piel tan caliente.
Sublimes mordiscos ansiosos
Que hacen sangrar mis labios
De pasión desmedida.
Sublime pues aquella noche
Que me entregaste tu todo-
Y de mi, mi todo tu tuvieras.
Aventura…
Una aventura fuiste
Como tantas otras ya vividas.
Una noche cualquiera y pasajera
En que mi pasión aventurera me llevara
Hasta el cuarto obscuro a media luz-
Y a tu cuerpo desnudo falto de caricias.
Una aventura que me diera el éxtasis volcánico
Y mecánico que tus tan acostumbradas manos
Y tus labios me pusieran
En el hilillo aquel del firmamento;
El firmamento en el momento mismo
Del abrupto y sublime estallido
Que te transporta a la gloria misma

De los mas altos cielos.
Amé tu cuerpo aquella noche
Y me entregue completo, sin reservas.
Cuando te di mis manos y mis besos,
Cuando al desnudo completo
Mi piel entera vibraba
Al juntarse a tus sudores nerviosos
De tan linda y curveada figura:
Me entregué a ti,
Aunque fuera aventura pasajera,
Con toda mi mente, con todo mi cuerpo…
Y… desde luego -con todo mi sexo.

Fue Prohibido

Y te amé con el amor prohibido;
Que al pensar que lo hice me hace de nuevo pecar.
Tantas veces que mi mente infielmente
Al solo verte me traicionara;
Y a jugar a pecar concientemente me ponía a soñar.
Y pensar que te amé con tantas fuerzas,
Que ni siquiera importaba lo que podía pasar.
Mi cuerpo de sentir tan solo el tuyo cerca,
Se llenaba de un calor hormigueante;
Calor que penetraba en mis venas
Haciendo hervir la lava dentro de mi volcán.
Y pensar que te amaba con aquel amor inquietante,
Como el del estudiante, lleno de inconciencia.
Lo prohibido lo hacia mas llamativo.
Y aunque nada pasara entre tu y yo;
Yo seguía pecando imaginándome cosas,
Que para mi parecían hermosas,
Pero que para la siempre estúpida sociedad
Eran mas que pecaminosas.
Y así te amé, y abecés me avergoncé de haberte amado.
Y abecés lloré y también reí.
Pero fue y será quizás, mi amor,
Si, aquel amor prohibido que nunca pudo ser.
El amor que hiciera que mi hielo
En metal fundido se volviera.
El amor del que a nadie le diré,

Pues si lo hiciera, pecaría pecando sobre el mismo pecado.
Y te amé, y quizá aún hoy queden cenizas ardientes;
Porque cuando consigo volverme a ver en tus ojos,
De nuevo mi mente cobardemente me traiciona.

Plato

Amor platónico, aquel que yo sintiera.
Y que en el Morfeo del cuento ese amor se convirtiera.
Amor, después de lo puro que aquel era,
En morboso, y también pecaminoso,
De momento, y de repente se volviera.
Amor, aquel que a caudales eróticos
Por las noches en mis sueños visitara:
Mi inconsciente perturbado,
Casi loco de lujuria terminaba.
Amor platónico de sueños de ríos
De ríos blancos y espesos
Que bañaran lo mas recóndito de mis entrañas

"Wet dream"

Tiempos

Quisiera un día tomar tiempo del tiempo,
Y en nuestro lecho de amor si pudiera,
Tomar cuenta a detalle
De cada uno de nuestros respirares.
Quisiera grabar siempre en mi mente,
La expresión de tus ojos
Al momento mismo del éxtasis abrupto,
Del sudorcito tibio con olor a vientos,
Que vienen de lo más lejano,
De donde no existen tiempos.
Quisiera enjugar tu cuerpo siempre así
Con mis calientes sudores.
Y grabar en mi mente los ruidecillos aquellos
Que abecés se confunden con lamentos,
Lamentos de amor, de gozo, de pasión.

__Pasión De invierno__

Cuando tu tristeza termine, he de tener tu melancolía encerrada.
En el final de aquel camino que tu y yo una noche ya pasada
Encontráramos y a pesar del frío, con escarcha y todo,
Tu pasión y mi tenue volcán derritieran todo el hielo que había allí afuera.

Aquella noche tan fría me acuerdo como si fuese hoy.
Tu leyéndome poemas de Pablo Neruda,
Que aunque no eran dirigidas a mi, eran todos para él.
Yo los hice míos para siempre, como hiciera también tu cuerpo, en mi mente.
Y aunque tu no te entregaste por completo. Yo té di todo.
Todo el éxtasis abrupto de mi pasión perdida, helada
En aquella escarcha de la noche a medio terminar,
Con sus obscuridades que no le dejan a nadie ver nada, solo sentir.
Sentí tu cuerpo junto al mío, desnudos, sin tocarnos, sin palparnos siquiera,
Apartados por el hielo aquel que nos separa,
Con un nombre que el viento hiciera portarse en el olvido de las mentes nuestras.
¿Quién era él?

Que frío tan lleno del calor tibio de una pasión amedrentada tuya y mía.
Un bar lleno de gente que allí no se encontraba anterior al camino aquel
Al que nadie, ni tu ni yo, ni el auto nos llevara.
Que recuerdo tibio que se quedó dentro del deseo cálido
Que podía derretir el hielo aquel de escarcha,
De vidrios empañados por nuestros respirares temerosos.

Recuerdo que siempre vivirás dentro de lo mas profundo
De mis mas intimas entrañas, que son las que sienten lo antes ya vivido.
Recuerdo, siempre vivirás en mi.
Deseo de una pasión ardiente de Invierno, siempre vivirás en mi.

Bese Mi Copa

Bese tus labios imaginarios en los perfiles de mi copa.
Y saboree tus besos en el vino tinto Cabernet del Valle de Napa.
Vino que me daba un escalofrió
Y un hormigueante sensación-cálida abecés.
Sensación que dejaba mi saliva mezclarse con el vino
Imaginándome entrelazando tu lengua con la mía
Pasándonos el residuo del maravilloso vino tinto del Valle de Napa.
Mis labios besaron con fuerza, con ardor mi copa
Y brinde por ti con el vino tinto Cabernet de Napa.
Mis labios se posaron sobre mi copa de vino
Besaron las tibiezas esbeltas de los perfiles de mi copa
Saborearon mis labios los mil sabores del vino tinto que bebía
Mis labios se posaron por la esbelta figura de mi copa,
Con curveada figura de mujer seductora.
Besaron mis labios las inspiradas curvas del copo de amor.
El vino que bebía aturdió mis sentidos
Y con la lengua buscaba seductoramente lamer hasta la ultima gota
Del elixir del amor que el vino tinto Cabernet de Napa produjo en mis entrañas.
Bese mi copa y brinde por ella

Por la mujer que me inspiraba el vino tinto Cabernet de Napa.

Vino Tinto

Hay cuando te bebo vino, vino, vino tinto.
Travieso vino que mi mente embriagas de hormigueantes deseos.
Hay vino, vinito, vino como me gustas buen amigo mío, mi vino.
Vino Tinto con cariño, lleno de emoción te digo vino
Que bien me haces sentir, mi vino.
Ven conmigo vino, vinito vino,
Atúrdeme mis sentires, mis instintos, mis deseos.
Hay vino vinito, vino, vino tinto, inquieto vino.
Hay cuando te bebo vino, vinito, vino tinto
Me sonrojas las mejillas y aturdes mi pensar
Mi piel se siente hormigueante cuando te logro tomar.
Vino tinto, vinito a beberte vine hoy.
Vinito calor me diste, vino conmigo vente.
Embriaga mis sentidos vino, vinito mío.
Aturde mi pensar-hazlo soñar.
Recorre con tu elixir de amor mi cuerpo todo.
Vinito tinto, vinito mío brindo hoy por ti.,
Por la alegría que tu me brindas,
Por el placer que me das-rompiendo los turrones,
Al quitarme la máscara de los inhibimos.
Hay vinito tinto, mi vino.
Vino vinito, vinito tinto
Acompaña también esas tristezas llenas de melancolía.
Y acompaña esas lagrimas que abecés vienen.

Contigo vinito, vino, hasta las tristezas llenas de congoja,
Se sobre-llevan mejor.
Vinito, vino tinto este brindis va por ti.
Salud ¡ vinito, mi vino tinto, Salud!

Alberto Ochoa Zamora

Imaginación… la mía!

Con tan solo imaginar tu desnudes,
Sobre las arenas de la playa hermosa.
Y el calor de tu cuerpo recibiendo
Los rayos ardientes del sol.
Mi pulso se acelera y mi respiración
De momento se empieza a agitar,
De una forma incapaz de controlar.
Tu pelo despide una fragancia que te dejara el mar,
Al violarlo con una ola profunda y llena de ansiedad.
Tus ojos lindos, hermosos que parecen haber salido
De un cuento de princesas.
También tus ojos piden a gritos un poco mas de emociones,
Pero ya no calientes, solo tibias.
La sensualidad de tu boca no solo invita al beso,
Si no al mordisco loco, lleno de pasión.
Tu cuerpo escurridizo se fuga de mis olas,
De mis rayos de sol, de mis ansias de amor…
Y sigo imaginando tu cuerpo con el mío.
Tus olas son mis olas,
Tu sol es mi-sol,
Tu boca es mi boca,
Tus ojos son mis ojos:
Tu cuerpo, al fin, al fin es mío: mío al fin

Amor De Amores

Amor de amores de tiempos lejanos,
Amor de amores, de romances, de pasiones.
Amor de antaño, de ayer, de hoy, de siempre.
Amor angustiado é imposibilitado... amor,
pobrecito amor.

Amor de los dos que tanto se quieren desde que
eran niños;
De suspiros y mirares al pasar,
Inquietos, que se comen vivos con solo verse.
Amor triste, lleno de angustia,
De noches solas, frías, llenas de soledad, llenas
de sueños,
De deseos de estar juntos como nunca han
estado.

Amor de amores, locos de pasión a solas,
De ilusión y fantasías prohibidas, de fantasías sin
ropa,
Solo de un angustioso deseo de poseerse,
enteros, para siempre.

Amor de amores que en el mundo de los vivos no
existe,
De amores de los que solo muertos de amor se
aman.
Amor, amor de amores, de tibiezas frescas
Llenas de primaveras que se congelan,
Que se llenan de un invierno caliente.

Amor de polos y destinos opuestos,
Que en los sueños se unen y en los despertares
tan solo se desean.
Amor, amor de amores que se entregan cada
noche,
Cuerpo con cuerpo en las soledades de cada
cual por su lado,
En su propio lecho reventando de pasión en sus
fantasías solitarias.

Amor, amor de amores que pena me dan,
Por amarse tanto, por su amor angustiado que
nunca mas será.
Pobres amores de amor puro, de puro amor.

Colgando De Un Hilillo

BetoBen
¿Te acuerdas de los 16?

Todo este tiempo he estado pensando en vos.
Me tienes loco imaginando tu cuerpo,
Imaginando besar tus labios
Imaginando besarte allí
¿Porque pienso tanto en ti?
¿Porque lo hago decí?
Dime que me quieres mucho,
Que me deseas tanto como yo,
Que enloqueces por mis besos,
Que mi cuerpo quieres tener,
Que tus ansias de placer, no las puedes contener.
Que tu cuerpo se extrémese tan solo de mirar el mío.
Que te imaginas mil cosas, que te parecen locura.
Que te enrojeces de tan solo pensar lo que te inspiran mis ojos,
Lo que te inspira mi boca, mi cuerpo en si.
Que quieres volar, volar por las alturas.
Y quedarte de pronto así, como entre nubes andas,
Como que de hilos te sostienes.
Como que el éxtasis abrupto, se convierte en volcán.
Volcán en erupción.

Alberto Ochoa Zamora

Estallido de amor… de nubes llenas de semen,
De ríos que solo los sueños míos pueden llenar.

<u>Crazy</u>

Me estoy volviendo loco de amor por ti.
Los celos me calcinan, me matan, me envenenan al pensar.
Mi pulso se acelera, mi cólera sobresale cuando le veo con alguien mas platicar. Cuando sonríe con alguien, mis nervios se apoderan de mi entendimiento
Y me pongo a odiar a todos, a despreciar al mundo
A no saber ya mas del control que presumo de mí mismo.
Me desespero, me agito y quiero al mundo gritar del amor que le tengo,
Del deseo, de esta ansia de tenerle, besarle y hacerle parte de mí;
De fundir nuestros cuerpos, nuestros alientos;
De juntar nuestros ríos, nuestros mares,
Nuestros cerros y volcanes… nuestros sexos.
Me estoy volviendo loco
Loco de amor, de amor por ti.

Alberto Ochoa Zamora

Soy Un Volcán

Soy un volcán,
Porque mi sangre hierve igual.
Soy un volcán,
Porque la furia que mis instintos animales
sienten,
Hacen erupción de pasión
Desmedidamente sin tomar cuenta siquiera
El daño que hacen a su paso
Un volcán
Que se apaga
Y se enciende
Sin esperar tiempos ni horas
Soy un volcán
Que sin previo aviso
Desde las entrañas de la tierra
Desde lo mas profundo de mi
Reviento y lanzo mi lava
Caliente al rojo vivo
Un volcán
Cuyas bocaradas de lava
Desaparecen tal y como aparecieran
Soy un volcán.

Hoy La He Visto Pasar

La vi pasar por la calle de Alvarado.
Y al ver su rostro de amargura comprendí,
El sufrimiento que en sus ojos reflejaba.
El paso lento, mas aún coqueto,
Como un vendedor de mercado iba ella
Ofreciendo la fruta marchita de sus amores.
Que tristeza al verla caída en el vacío.
Caída en lo que la gente llama-el arrabal.

Tuve el impulso de correr hacia ella
Y ofrecerle mi mano, y sacarla del lodo
Aquel en el que se batía.
Mas de pronto me detuve a pensar,
En lo que aquella mujer fue
En sus mejores años, sus años mozos.
Una mujer hermosa que se daba el lujo
De despreciar a los hombres.
Y escoger entre ellos el que en turno su novio
debía ser.
Manejaba a su antojo a cuantos a ella se
acercaban
Y en despojo de basura a algunos de ellos
convirtió.
Como era posible que la mujer bella,
Que la inteligente y hermosa mujer,
Que conocí un día en el parque de Alcalá:
Convertida en eso la iba a encontrar.
No lo hubiera creído en aquel entonces,
Que tan segura de si se sentía.

Y me recuerdo cuando loco, enamorado
matrimonio le ofrecí.
Como resuenan en mis oídos las risotadas de
burla que se echara.
"Matrimonio?" Dijo ella, "Tontito, yo para eso no
nací".
Y ahora, después de 10 años que han pasado,
Esto que veo no lo puedo creer.

Vestida con harapos pintada exageradamente,
Ofreciendo sus besos por dinero.
Que horror!.
Se fue alejando lenta la pobre prostituta,
Que fuera entre otras cosas,
La reina de belleza de aquella gran ciudad;
Que una vez tuvo en sus manos partidos por
montones
Y pudo haber sido, si lo hubiera deseado,
La primera dama de aquella ciudad.
Y verla ahí, regateando su precio con aquel
transeúnte,
Como verdulera, que en el mercado quiere
vender
Su producto al mejor postor.
Mercado de mugre!!
Que pudo haber pasado?.
Que trajo a esta mujer a la desgracia total:
Convertirla en puta.
La altanera muchacha que yo conocí,
Transformada en paloma.
Hoy la he visto pasar.

Descubriéndome

Alberto Ochoa Zamora

Buscándome

Y me busco yo inquietamente entre las tinieblas
de las noches,
De los días y muchas veces lo he hecho también
entre las estrellas.
He buscado por siempre y siempre me seguiré
buscando,
Por encontrar en el aire, por encontrar en los
vientos, las aguas del mar,
Y hasta entre las soledades de aquellos que
están muertos,
Gozando tranquilamente de su preciosa tumba: y
encontrar el Ser y su razón de Ser.

En los picos de las montañas un día viendo hacia
abajo pensé que lo había logrado Una vez, saber
por fin lo que con tanto ahínco busqué.
Saber quien soy!
Mas no fue así.

Yo voy entre la niebla de la noche buscando
aunque sea la luz de un farol
O de una cigarra que me sepa guiar.
Voy entre los rocíos del alba, entre matorrales y
entre flores también,
Buscando la gota mas cristalina para ver en ella
hacia a donde voy.

Busco y seguiré buscando hasta el cansancio,
Esa hojita verde que me ha de explicar el proceso
del darme la existencia

Con sus productos oxigénales.
Busco me buscaré siempre, aunque cuando me encuentre,
Tan solo sea para verme bien morir.

Un Nuevo Empezar

El mar da miedo al despertarse el nuevo día
Sus olas golpean fuertemente las piedras
Como queriendo - las despertar.
El Río Ruso mansamente con su calma besa al mar
Como queriendo-lo calmar de una mala noche.
Las olas vienen de bien lejos,
Espumantes se disuelven a la orilla, en la arena de la playa,
Y entre las piedras y peñascos también.
Y aparentan las olas regresar de donde vinieron,
Pero desaparecen.
Después se calma el mar a lo lejos y se pierde en su inmensidad.
Dando una sensación de tranquilidad.
Ha llovido la noche anterior,
Y los tributarios de este mar le rinden homenaje
Desembocándose en el
La sierra aparece ya muy cerca,
La vista es panorámica que uno quiere a cada rato parar,
Y gozar del paisaje, del amanecer fresco, sin brisa
Y el esplendor de colores todos conjugados de Otoño,
A la vera del mar.
El cautivador paisaje de Bodega Bay me deja sin respiro
Y mas a propósito mis respiros se profundizan agudos

Para tragarme cuanto pueda de este fresco
amanecer.
Se ve allá muy a lo lejos en la profundidad de la
lejanía
Se ve una luz tenue, como si un barco se
acercara
O pasara rumbo a un destino incierto.
Como este nuevo empezar.

Disyuntiva

Me encuentro entre la disyuntiva de la vida en este momento
Pensando y reflexionando en la vida misma
Que se disminuye en tan solo un pensamiento
En un pensamiento que analiza y recorre todo lo vivido
Y también lo que se quiso siempre un día vivir
Vivo en una paradoja, una paradoja que tal pareciera un día ya viví
Vivo en un lamento que no sabe porque se lamenta
En un suspiro que suspira sin suspirar por nadie
En un nadie que no tiene una cara, ni ojos, ni labios, ni manos, ni cuerpo:
Tan solo una figura, una silueta.
Sueño en esa figura sin rostro, ese cuerpo sin cara
Que a mí se acerca y me acaricia y me da una bella sonrisa
Una figura, una sombra que cubre todo mi cuerpo
Y mis besos arrebata y mi cuerpo posee
Me toma a la fuerza y después yo me entrego, completo, entero-
Todo sin descifrar a quien me estoy entregando
La figura se esfuma, desaparece al haberme tomado
La silueta se pierde entre las sombras
Mis labios se quedan deseando sentir ese hormigueo

Y la humedad sentida se seca desérticamente de repente
Mi cuerpo deseoso mas de las emociones de sentirse poseído
Se siente abandonado en medio de la nada, desoladamente-
Regresándome de nuevo a la disyuntiva de mi vida
Para continuar viviendo mi vida paradójica
Obligada a vivir de nuevo en la inexplicablemente repetida impúdica
Paradoja de mi destinada vida.

¿Quién Soy?

Quién soy yo que por la vida voy vagando sin saber,
Adonde mis pasos van;
¿Quien soy?
Quién soy yo que sin saber quien soy siquiera,
En los caminos turbios de la vida va.
Que confusa es esta vida, que trastornos, que problemas.
Soy un loco, sí lo soy.
Amo al mundo y el no me ama.
Amo al hombre, amo a la mujer,
Y el mundo, el hombre y la mujer, me lastiman cada instante.
Me traicionan, me abandonan, me desprecian y me humillan.
No sé vivir quizás entre esta gente despiadada,
Que nunca comprende nada.
Solo, solo estoy, nadie esta conmigo.
No tengo al amigo que me tienda su mano,
Que me ayude, que me diga las palabras de aliento,
Que tanta falta me hacen.
Solo, solo estoy, no tengo el amor.
¿El amor?
Si, el amor de una mujer que me quiera bien, que me comprenda.
No! ¿Quién puede comprender mis penas?
Nadie, nadie, yo creo que nadie.
Mundo idiota!
Gente idiota, que solo las cosas materiales ve.

Que solo intereses va buscando.
Yo busco comprensión a mis sentimientos.
Quiero encontrar un consuelo a mis penas,
Una solución a mis problemas.
Pero. No tengo fe siquiera en algo o alguien que me pueda ayudar,
Que me sepa guiar.
¿Que aré?
No, un suicidio No.
No soy tan cobarde como para huir a las trabas que la vida,
Que el destino ha puesto en mi.
No sé que aré… no, no lo sé.

Tú Veras

Tu veras que con el tiempo,
Mi vida se va a cambiar.
No seré jamás el mismo,
Que de todo se asustaba,
Y que a todo le rehuía;
Del que todos se reían,
Y que las burlas le hacían.
Y el cual de todo lloraba.
El cual todos atacaban,
Porque no se defendía.
Al que todos despreciaban,
Humillaban, vacilaban,
Hasta que llorar lo hacían.
No, no seré jamás el tonto
El estúpido muchacho,
Del que quizás te mofabas.
Al que quizás tu le hablabas,
Y por detrás criticabas.
Desde ahora seré otro.
Jamás volveré a ser bueno,
Ni justo, ni noble,
Ni correcto, ni educado.
Hablaré barbajanadas.
Tramaré y aré maldades, y venganzas.
Todo, todo va a cambiar.
Desde hoy seré bien malo;
Seré malo como tu.
Tu veras.
Y verás que diferente
Será todo lo antes dicho.

159

Pues seremos tu y yo iguales:
Hipócritas, absurdos, crueles, malvados.
Seremos como dos gotas,
Mas no claras, mas no gotas.
Seremos, si, serás y seré,
Dos claros aspectos de la incomprensión.

<u>Preguntas Sin Respuestas</u>

Hoy es un día tal vez como cualquier otro
Para cualquier otro pero para mi,
Este día ha sido un día bastante diferente.
Para mi mente ha sido el trabalenguas de mi vida entera.
Hoy no importa nada fuera de lo que Dios me tiene reservado.
Solo lo que Él quiera que me importe me importará.
Por cierto, tengo que decir que no haré otra cosa sino la que me dicte el corazón.
He vivido una casi entera vida lo que me ha dictado la sociedad,
La gente; si, la gente que me ha rodeado estos años.
No he sido yo, porque no sabia quien yo era.
Tal vez no se aún quien soy,
Pero creo tener una idea de quien siempre he sido,
En la penumbra de la noche, oculto de todos
Y de nadie pues nada en mi vida vivida me avergüenza.
Lo que he hecho de noche y lo que he hecho de día,
Se puede publicar en un libro que el mas inocente puede leer.
Es verdad que a veces de repente, he sido inquieto
Y penetrante con mis poemas, un poco tal vez algo caliente,

Con inquietudes que hormiguean no tan solo en la mente,
Pero también en la carne, el pellejo,
Que se escaramuza con un aire a piel gallinesca
Que eriza no tan solo esa piel
Sino lo que la misma oculta bajo de si.
Soy un pobre humano que se lamenta de serlo.
En verdad no hay nada que esta estúpida
Y bien hipócrita humanidad me merezca respeto alguno.
La hipocresía sobre sale a flor de piel
A cualquiera que vive en esta inmunda mierda de vida que nos toco vivir.
Mi corazón, como dije antes,
Se ha dejado llevar por lo que la sociedad le ha dictado, para vivir en paz.
¿ Que péndejo no?
39 años haciendo lo que la pinché sociedad hija de puta me ha dictado hacer.
Quien, me pregunto yo es la pinché sociedad de mierda
Para decirme lo que mi corazón debe sentir,
Como debe latir, cual es el ritmo en el que debe latir.
Que sabe esta sociedad de lo que siento yo.
Porque me limitan a amar solo a unos cuantos
De los seres humanos cuando mi corazón revienta de amor
Por amar a mas, a mas, si mas seres humanos,
Sin importar sus colores que sobre pasan los del tenue arco iris,
Que sobre pasan las mil y una religiones que existen.

Porque no puedo amar?
Porque se me niega poder dar lo que en mi pecho,
Atrapado y angustiado casi me revienta, destripando mi ser.
Porque no puedo amar al enemigo al cual Dios me mando amar?
Porque yo me tengo que limitar?
Porque me tengo yo que acostumbrar a fingir,
A reír cuando no quiero reír,
A llorar cuando no siento ganas de hacerlo?
Porque debo de ser hipócrita para subsistir?
Porque no puedo decir que amo la vida y todo lo que en ella existe?
Porque no puedo darle la mano al Judío,
Al alemán, al japonés ó al chino ó a mi hermano sudamericano?
Porque tenemos que dividir al Méjico que me vio nacer?
Porque el norte siempre tiene que subyugar al sur.
Porque tiene que haber sur y norte y este y oeste.
Porque tengo yo que tener tantas preguntas,
Por que las tengo que hacer yo?
Hoy pues, me llene de nostalgia, de preguntas sin respuestas,
De inquietudes adversas que me angustian,
De un carajo sueño que me lleva a la lejana
Y tal vez cercana é iluminada trayectoria del fin de las preguntas...
De la tranquila respuesta de la muerte que mi vida vive hoy.

Alberto Ochoa Zamora

¿Cuándo podré partir para ser de una buena vez feliz?

AMOTE VIDA MIA DE MI MUERTE—VIVE, vive… vive por favor en mi muerte. Que vivo en la paz de Dios, amando, si amando siempre sin que me amen.

Triunfador

No me mires derrotado
Fracasado aún no estoy
Las apariencias engañan
Ahora soy un triunfador.
Si el triunfo mides con el signo del $
Dinero, más dinero tengo yo
Si por logros reconocidos mides el triunfo…
Logros muchos más tengo
Y se me reconoce aún más.
De los cientos de 'amigos' que tenia
Esos si todos se han ido
Mostrándose así amigos de quien
Ellos eran: no míos.
Ahora solo tengo unos cuantos amigos;
De una mano sobran dedos para contarlos.
No me mires derrotado,
Fracasado no lo estoy.
Soy un hombre bien rico de espirito.
Mi acercamiento a Dios es más grande.
Mi entendimiento con mi espiritualidad
Es más comprensible para mí ahora.
No me mires derrotado,
Fracasado aún no estoy.
Las apariencias engañan
Ahora soy un *triunfador*
Un hombre feliz, tranquilo,
Con paz en su corazón.
Con Dios en su camino.
Con Jesús en su destino.

Descúbrete

Descúbrete, descúbrete de una buena vez
Destápate y reluce toda tu altivez
Sé tu por fin y muestra al mundo todo tu esplendor.
Has vivido escondido, bajo una nube
Nube penumbrosa que te ha ocultado siempre.
Luce tu tenue luz que casi ya se apaga.
Has vibrar tu vida que ha estado en la tenue quietud
De los que no sienten nada.

Descubre tus vivires y tus muertes todas
Aunque se asusten todos los que te conocen,
Aunque se estremezca el mismo suelo que ellos y tu pisan.
Sé tu por vez primera en tu corto o largo existir.
A ti mismo te asustaras, cuando al fin
Ya no hagas lo que has venido haciendo:
Siempre persiguiendo los sueños ajenos,
Siempre siguiendo las normas ya trazadas y dictadas.

Descúbrete ya de una buena vez, la vida se acaba.
Sé tu, levanta tu frente, no bajes los ojos y ve siempre adelante.
Vive, vive la vida, has vibrar ese corazón que no te cabe ya en el pecho.

No hagas caso a la gente que te va a reprobar,

Reluce tu ser, que no te importe nada,
Luce, luce tu altivez, oculta hasta ahora.
Brilla, brilla tu esplendoroso Ser.
Descúbrete, descúbrete de una buena vez.

<u>Termina El Principio Del Final Que Comienza</u>

Termina lo que nunca empezó
Se acaba lo que nunca fue
Principia hoy lo que será el mañana
El mañana que mi amigo cree…
'Siempre será mejor que el hoy'
Así es la vida!
Y hay que vivirla como venga
Y digo yo, morirla cuando se tenga uno que morir

Surcar los cielos llenos de esperanza
Llenos de inquietudes Otoñales
Me voy con nuevos anhelos
Soñando como siempre,
Volando por los cielos
Tratando como siempre
Realizar mis ya tan viejos sueños
Me las pienso abecés…
Pero prefiero vivir mi vida de hoy
Sin pensar mucho, tan solo vivir

Adiós al viento que respiré 10 años
Marcada mi huella se quedará por siempre,
En las piedras, los árboles, las aguas de sus lagos,
Las parras y los vinos
Testigos dejo muchos de mis respirares…
Los siervos, los coyotes, los gatos
Y las zorras y también zorrillos,
Los patos y sus gansos y sobre todo los encinos

Adiós al viento que se queda
Y el que se va conmigo llevándome suavemente
A respirarle en otros lares.
Adiós y a Dios le pido que se valla conmigo
Y que tan bien se quede… adiós

En Medio De Cerros

En medio de cerros vengo
En medio de cerros voy
En medio de cerros he llegado
Al lugar que yo no iba
En medio de estos cerros me encuentro
Y no sé que es lo que hago entre ellos.
Solo cerros me acompañan
A mi alrededor solo cerros hay.
¿Que hay entre estos cerros?
Ni ellos lo saben…
Se encuentra alguien
Que nunca ha logrado saber quien es.
Ese soy yo, y no se quien soy.
Solo sé que existo, solo sé que siento,
Que mañana ya no estaré.
Y los cerros se quedarán.
Quizás ellos un día dirán…
Que entre ellos estuve hoy.

Soy Soñador

Un soñador que sueña lo que puede ser, no es
un soñador.
Si se sueña, solo debe soñarse lo que no puede
ser:
Ver las flores empezar y terminar su vida en las
plantas,
Eso es soñar,
Ver que el árbol cae por si, que el río se seque de
sed,
Eso es soñar.

Soy soñador y sueño con los ojos despiertos, con
los ojos abiertos.
Y aún así, lo que sueño no puede ser.
Sueño ver el firmamento claro,
Y ver las noches nítidamente iluminadas
Por las estrellas,
Los días soleados, sin tanto smog.
Sueño ver que los árboles, los peces, las flores,
Los animales del campo y los de la ciudad
Y los pueblos no están amenazados a extinguir
su existencia.
Amenazados por las mentes locas de los que no
sueñan.

Soy un soñador que abecés por decir lo que
siente
Y decir lo que quiere tildado de no tener las
cuerdas
Todas ajustadas de su mente esta.

Pero que importa que me tilden de no estar cuerdo,
Cuando lo que anhelo, cuando lo que deseo
Es poder ver que la gente se quiera,
Que el saludo sea siempre sincero,
Que el sonreír salga del alma
Y que con una sonrisa le cambie toda la vida de un día
A quien esa sonrisa pueda ver.

Soy un soñador empedernido
Que insiste en dar una sonrisa y convertirla en risa
Y por que no, en carcajada también.
Soñar en dar los buenos días
Y que los días sean buenos así sea a la media noche.
Soñar con esperanza que nos amemos todos
Para que no existan guerras,
Para que no haya hambre y no exista pobreza.
Para que la miseria se acabe.

Sueño que un buen día la tierra explote de amor.

Pajarillo

Te vas como pájaro volando por los vientos amplios de las distancias inmensas.
Tus nuevas alas te invitan a surcar los vientos tantos estos que no te alcanza
El tiempo para parar en mi ventana y trinar tan siquiera una mañana,
Tan siquiera de vez en cuando.

Tus volares atraviesan terrenos que tal vez son no conocidos,
Pero que muchos de estos están llenos de peligros.
Como pájaro nuevo tus horizontes no tienen limite alguno:
Mas volar así, a lo ligero, te llevará por rumbos que te pueden perder.

Vuela pues jilguero, cenzontle, paloma ó cual sea tu linaje.
Llévale tus cantos, tus trinos, todos a quien los quiera oír.
Ojala que tus volares no te lleven a un país lejano
O a un lugar extraño del que no te puedas regresar.
Ojala que tus amigos las aves no te pongan en peligros en los cuales los humanos
Te atrapen y como cruelmente acostumbran…atrapar a las aves
Y meterlas en sus detestables jaulas truncando de tajo las ilusiones,

Los planes, las libertades y las ganas de cantar, de trinar.

Ten presente jilguero que no todas las aves por tener plumas serán tus amigos.
Al contrario, la mayor parte de estas serán tus enemigos.
Ten cuidado con lo que comes ave pasajera, abecés el alpiste contiene venenos,
Si no para tu cuerpo tal vez para tu alma.

Vuela pues, vuela bien alto. Surca esos aires que te pertenecen
Pero recuerda y tenlo presente. Si alguien alguna vez dañara tus alas,
Regresa a mi ventana si puedes: yo curaré tus heridas con tan solo condicionando
Que vuelvas a trinar para mí, tu canción hermosa,
Tu trinar alegre que anhelo pronto volver a escuchar.

Que Dios te acompañe hoy y siempre. Refúgiate en El cuándo te sientas triste, Cuando te agarren las tormentas, las tempestades, los malos vientos, los huracanes. Acuérdate también de Él cuando te encuentres con jardines verdes llenos de flores
Y robustos árboles donde tal vez un día harás tu nido y tendrás pajarillos.
Nunca olvides a tu madre y a tu padre que té cuidaron
Cuando apenas eras un desplumado pitirrillo;

Té guardaron en el nido hasta que aprendiste a volar. A trinar… a vivir…
Acuérdate que no tan solo te dieron abrigo mas te enseñaron a cantar.

Cabeza Loca

Que cabeza la mía, bien loca y llena de tormentos.

Que loca y despistada cabeza la mía, no cave duda.

Yo creo que estoy bien loco y ni cuenta me doy.

Estoy pero bien lleno de amor y amargura;

De amor por alguien que ni en cuenta me toma,

De amargura, una amargura eterna, que conmigo ha vivido.

Que locura de amor, amarga y eterna que nunca mas termina.

¿Cómo dejar esta locura?

Locura tormentosa y amarga que embriaga mis sentidos

Ya no cuerdos, llenos de locura de amor.

Amor eterno y loco que siempre me acompaña.

Olvidarme quisiera, para siempre ya del amor tormentoso y loco.

¿Me querrá acaso?

¿Y si me quiere, por que no me lo dice?

Hay. Como le amo yo a este amor. Y este amor no me ama.

Loco, amargado y atormentado me quedo hoy.

Apasionado y esperanzado entre nubes blancas me quedo hoy.

Que si me quiere, me lo diga.

Que si no, también que me lo diga.

Que Dios me ayude a olvidarle si no me ama.

Que Dios me ayude a amarle mas, si acaso me quisiera.

Y si solo mi locura queda, que me ayude a volverme mas loco
Y parta de mis tormentos de amor loco, locura eterna de pasión.

Porque No Escribo

Porque no escribo ya hace tanto tiempo,
Porque he dejado ya tanto tiempo pasar
Sin decir ni 'jota', totalmente ajeno a las letras escritas.

Mi razón quizás aunque no me disculpa,
Es que me he dedicado a mí,
A poner en orden mis pensamientos,
A disfrutar de mis dos hijos,
Dándoles todo el tiempo que demandan,
A estar con mi esposa y tratar de volverla a enamorar,
A aprender las cosas de mi nuevo empleo.

¿ Porque no escribo mas?
Por miedo, la verdad.
Me he alejado de las letras por muchas mas razones.
Cuando alguna vez lo intente, las letras me lastimaban.
Pero ahora estoy pronto, listo a volver empezar.

¿ Por que no escribo?
Porque mis pensamientos andaban volando.
Porque como siempre andaba entre las nubes.
Porque como el viento…
Yo nunca paro en lugar fijo.
Y porque andaba soñando
Y cabalgando entre las nubes
Cabalgando y trotando entre las estrellas.

Comenzando A Ver La Luz

Cuando el día termina y te sientes como si nunca
hubiera ni siquiera comenzado.   Cuando este
terminar de los días eternos todos ellos tan
lejanos,
Tan inmensos en los desesperares del que
siempre espera.
Un esperar por nadie y por nada, sin embargo
esperando,
La llegada de alguien que no vendrá, pues nunca
estuvo.

Cuando el día que hoy termina ya este bien lejos,
En el reposo de los que consiguieron la llegada
De la que nunca se esperaron vendría: La
muerte.
Ya no habrá desesperos ni esperares
De esta ansiedad de los que viven esperando.

Cuando caiga la noche en la penumbra,
Por fin la luz ansiada iluminará los despertares,
Los vivieres de los muertos.
La luz será mas clara y más profunda que la del
medio día
En la que muertos viven aquellos que hoy
respiran.
En esta iluminada vereda, al final de ella,
Por fin un buen día veré a mi eterno amigo y
compañero.
Mi Jesús, mi Dios.

Alberto Ochoa Zamora

Jesús, ilumina la penumbra de mis días,
Dales un rayo de luz, de fe, de esperanza, de
sosiego a mis angustias.
Señor, hazme un hombre simple, mas simple
aún, mas sencillo, mas humilde,
Mas manso y tranquilo-dentro en mi corazón y en
mi perturbada mente.

A ti y solo a ti amo y amaré siempre…solo a ti
Jesús mío
Te adoraré eternalmente.

He Estado Soñando

He estado soñando quizás todo este tiempo de
mi corta vida.
He estado en la irrealidad viviendo mis
veinticuatro años de vida.
Evadiendo lo que la verdadera situación es.
Hoy he estado pensando, revisando,
Reflexionando estos pocos años de mí existir,
Quizás han sido felices, tristes, melancólicos,
Aburridos, formidables, que sé yo.
Tan solo sé que a lo mejor ese que no era yo
Es el que soy, que quizás el que creo que ahora
soy, no soy.
No puedo decir que fui feliz, ni triste,
Que cada momento que viene a mi mente
significa tanto,
Que mi mayor temor es volverme loco
Y no poder recordarlos;
Que si son alegres!
Que si no lo son!
Mi temor es olvidarlos
Porque al fin y al cabo es lo que he sido hasta
ahora.

Dios mío. Porque me hiciste así?
Porque?
Porque tengo que ser como soy?
Y porque no me das la dicha de saber siquiera
quien es ese quien soy?
Quien fue ese quien fui.

El Pescado

Y. El pez tanto abre el hocico,
Hasta que el gancho traicionero lo engancha.
Pero abecés aún mas trapera la traición de la red.
Y que puede aquel pez hacer para salvarse del gancho,
Si el hocico no abriera el pez se moriría.
Pero aún mas que puede hacer éste,
Ante las imponentes cuerdas de la maldita red?

Me pasa ahora a mi como a éste pez.
Por lo que he sido, por lo que soy.
El traicionero gancho de la sociedad filuda,
Cobardemente me quiere atrapar.
Y la red del egoísmo, la maldad arañosa de la red vulgar,
de la incesante maraña que peculiarmente se ha apoderado,
Ya casi de todos, menos de mi.

Pero ahora esa red atada quizás con el único fin de atrapar al pez gordo,
Que de fuerzas esta mas flaco que un hilo tejido con brisa.
Quizás este pez que no se quiere dejar atrapar,
Ya esta ahora mismo atrapado en el circulo vicioso del mar.

El pez tiene un sueño esperanzado en un deseo que se sueña solo despierto.
Que la red se deshile ó que el gancho se doble.
Ó que una gran corriente lo salve y se lo lleve.

Lamentos

Abecés me pregunto porque es que siempre
tengo que escribir lamentos, cosas tristes.
Si nuestros sentimientos no solo de tristezas
están llenos.
Tenemos alegrías, tenemos ilusiones
Y bonitos anhelos que la vida nos hace abecés
ver en el futuro, un futuro feliz.
Me pregunto también abecés si la gente que me
rodea no se enfada de tanto oír,
De tanto compartir casi solo lamentos.
Aunque yo procuro dar sonrisas, guiño un ojo,
hago bromas
Y trato de divertir un poco sus diarios vivires.

Casi siempre los lamentos son lamentos de amor,
desilusión, desengaño, traición.
Y no sé hasta donde podría llevar la lista de
palabras.
Mas no tan solo quiero poder decir que aunque
cosas como esas nos hagan daño. Vale la pena
yo creo, por la dicha de ver una sonrisa abierta,
Por ver ojos llenos de un brillo que refleje dicha,
alegría, que refleje amor.

Los lamentos entonces se pueden llevar, cuando
hay gente que te escucha,
Cuando te dan sus mirares, sus sonrisas y de ves
en cuando,
En tu hombro una palmada de cariño, un apretón
de manos, un abrazo sincero.

Alberto Ochoa Zamora

¿ Y porque no?
Un día talvez se den el tiempo de llorar contigo.

La Confusión Del Gato

La curiosidad del gato que lo lleva a veces, a descubrir tanta cosa.
Curiosidad que abecés quisiera el no tener,
Cuando abecés por curioso descubre cosas que el no entiende.
El gato se confunde dentro de su confusión.
Confuso esta el pequeño, noble, aristócrata, sencillamente hermoso, bello gato.
No sabe que hacer, no sabe a donde ir, ni sabe ni quiere a nadie nada decir.
De lo que dentro de su mundo, de lo que dentro de esa vida
O alguna de sus 9 vidas hay.
Quiere callárselo todo, no quiere nada compartir.
Quiere si tristeza trae, llenarse de tristeza, si alegría igual.
Yo veo al felino curioso, ahora simplemente inquieto,
Quizás un poco melancólico. ¿ Pero triste?
No sé. Yo no lo diría. Mas bien dicho, el gato esta confundido.
Con sus ojos grandes pestañea a lo lejos y yo creo que no ve nada.
Agacha la cabeza y apenas si abre la boca,
No ocultando con eso que pereza o sueño trae.
Se levanta abecés el gato é inquietamente se quiere marchar.
Mas el gato se regresa, y me ve con aquellas ganas de decírmelo todo.
Pero no, de nuevo el felino se lo traga todo.

Alberto Ochoa Zamora

Se da la vuelta y se va, dejándome solo una pregunta profunda.
¿Cuál seria la confusión del Gato?

Negro

Si negro nací, nací porque así lo quiso Dios.
Si negro nací, nací porque así lo quiso Dios.
Yo pienso q' entoas razas buenos hay, malos también.
Yo pienso q' en todas las razas, buenos hay, malos también.
¿Cómo haremos entender a los que mucho mas se creen?
Porque su color es blanco, pero de que color su corazón?

Ya no sé ni lo que digo, mejor me boy a callar.
Ya no sé ni lo que digo, mejor me boy a callar.
Solo quiero enfatizar, que el color no cuenta en ná.
Yo me siento igual que otros, el color no cuenta en na´.
Una prueba es estas letras, ya me boy a retirar.
El ser negro no es pecado, porque Dios jamás pecó.
Si negro nací, nací, porque así lo quiso Dios.

Alberto Ochoa Zamora

Muerte

Alberto Ochoa Zamora

Cortas: La Vida Y La Muerte!!!!

La vida es tan corta, y el mundo insiste en hacerla mas larga.
La muerte cabalga, trota hasta que se desemboca,
Y se pierde entre la polvareda que levanta.
Al perderse, ésta se pierde y encuentra lo que no buscaba:
La vida misma que nunca vivió. La eterna vida por la cual morimos todos.
Al morir, encontramos lo mismo que no buscamos,
Que al vivir en la vida de los muertos, nunca apreciamos,
Hasta que nos vamos al mundo en el que se desenvuelven los vivos.
Vivir por vivir en la vida no vale la pena.
Es mas interesante vivir por vivir en la muerte.
En la muerte que vislumbra la prometedora eterna vida…

El Fin

Cuando todo acabe, cuando todo termine,
Me sentiré satisfecho conmigo mismo.
La lucha estará terminada;
Las olas volverán a su calma.
No habrá vientos ni ventarrones.
Todo será calma.
No habrá aguas turbias sino ríos mansos.
No habrá caminos llenos de cantera, ni siquiera
de polvo.
Habrá caminos verdes llenos de flores.
Y habrá paz, una paz infinita dentro de mi cuerpo,
Dentro de mi alma.
Habrá simplemente un ser menos en la tierra: yo
ya no seré.

<u>Morir Pensando</u>

He pensado tanto para escribir estas letras,
Que ahora que me decidí no sé ya ni que escribir.
Mas debo empezar por el principio, que pronto será el final.
Quien me comprende, me pregunto yo.
No hay siquiera en el mundo quien me entienda a mí.
He pensado tanto últimamente en la muerte que se acerca ya.
Viene trotando, viene andando ya.
Ya la siento aquí conmigo, a mi lado.
Bueno hay alguna gente que dice
Que siempre anda con uno de la mano,
Tratando convencernos visitar su morada.
Yo no tengo miedo de morir mañana,
Ni tan siquiera de morirme hoy.
Lo que miedo me causa, lo que miedo me da,
Es la forma de partir, es la forma de dejar de vivir.
Bueno, no sé a que mas le temo hoy,
Si a seguir viviendo o a dejar de existir.

Noviembre 2

En este día de muerte,
Mi reflexión es de vida,
De vida que se termina
Ansiosa por conquistar la muerte;
La venerada muerte que promete
La mas gloriosa de las vidas:
De muerte abecés tan cálida
Que con su sensual timidez
No me convence del todo
A dejar la preciada vida;
La vida que hoy vivo así:
Viviendo sencillamente mi muerte!
Hoy que se dedica a los muertos,
Aún así no me animo
A hacerle caso a mi amiga la huesuda.
Prefiero seguir viviendo mi muerte,
Que matar de pronto mi vida.

Partida

La muerte ha llegado, calma y sin aviso, triste y desdeñada,
Pasajera entre los que se quedan vivos.
Ha traído consigo dos cosas: amor y confusión.
Amor por que ha unido aquellos que se quedan sin boleto,
Sin pasaje en este tren de la vida...
Confusión, porque hay mil interrogantes sin respuestas
En el viento, en las sombras, a pleno día, y nadie las contesta.
Se quedan simplemente en el Plato del mundo?
Ó será que los que se mueren se llevan consigo todas las respuesta?

Se muere uno en un soplo de tiempo y deja en la vida a los que mas se quiere;
Y los deja a todos llenos de un temor, de un miedo,
De un terror ajeno de quedarse sin los que se marchan.
Aprende uno a ser cobarde, a aprender a ajustarse en este laberinto en que vivimos.
A aprender a vivir en la vida sin los que ya no viven.

Poca la fe de los que aún no partimos.
Porque tenemos miedo? Si a diario Dios nos lo repite
"No tengas temor, acércate que yo te confortaré":

En el Libro Grande de la Vida, la Biblia
Esta escrito 365 veces algo referente a ésta gran promesa.
Mas que cobardes somos!
La partida de quien tal vez no se quería ir nos deja interrogantes
Que no encuentran respuesta pues estas las veremos cuando sea nuestro turno,
De esa gran Partida que un día pronto vendrá.
Vivamos pues la vida de los vivos;
Y dejemos a los muertos vivir tranquilamente su muerte…

The End

When everything ends,
I will feel satisfied with myself.
The struggle will be ended.
The waves will return,
To their forgotten calm.
There will be no gusty winds.
Everything will be calm.
There will be no turbulent waters,
But tamed rivers.
There will be no rock-filled roads,
Not even of dust;
Instead,
There will be green paths filled with flowers.
And there will be Peace:
An infinitive peace inside me,
Deep in my soul.
There will be simply,
One less being on earth…
I will no longer be.

Angustia

Angustia perdida en los abismos de la vida
Angustia de vivir en la soledad eterna de mi muerte
Angustia de saberse rodeado de gente
Y sentirse completamente solo
Angustia de querer surcar los vientos
Volando las distancias del mismo firmamento
Y sentirse de repente sin alas o con ellas desplumadas
Hay angustia que desgarra lo mas profundo de mi corazón
Siento angustia que ahoga mi pecho
Angustia que aprisiona el grito mismo que quiero gritar
Angustia que hace mis lagrimas correr por mi rostro
Angustia que hace sangrar a gotas mi corazón
Angustia que de llanto convertido en aullido
Hace un estallido de rencores llenos de silencios
Angustia, hay angustia repleta de gritos que no oye nadie
Angustia repleta de un moho que corroe lo mas intimo de mis entrañas
Hay angustia que me mata poco a poco
Y que no da tregua alguna para defenderme
Angustia que aniquila la poca lucidez que me queda
Angustia que me pierde
Donde nunca mas nadie podrá encontrarme.

El Viento Pasó

El viento se lo llevo todo
La risa
Los besos
Las caricias
Se llevo los abrazos todos nunca dados
Se llevo las palabras no dichas
Y Dejando desconsuelo
Y dejando desdicha
El viento de un soplido
Me ha dejado sin padre.

En un soplido del viento
Mi padre ya se ha ido
Y fue tan deprisa,
En un suspiro
Dejándome los un y mil te quiero
Las mil y una caricias
Para darle a mi padre
Cuando el viento a mí me lleve.

Desconsuelo inerme
Soledad dormida
Dolor inmenso
Clavado en la profunda desolación
Dogmática de la muerte.

Tristeza ambulante que deambula
Y flota como bules en silencio
En el lago profundo de la incertidumbre obscura
Llenando de lagrimas secas que eroden mi rostro

Alberto Ochoa Zamora

Que secan la piel de mi cara
Llenando de salada humedad mis labios
Ya quebrados y blanquizcos, secos y desérticos

El viento en un soplido se lo llevo todo
Se llevo la alegría
Los besos y caricias
Se llevo los abrazos
Se llevo a mi padre
Y me dejo sin él…

Vacío

La soledad se encuentra en todas partes
No tan solo en el silencio de la noche
Pero también en el bullicio ruidoso de los días
Que soledad, que soledad se siente
En estos días eternos que no pasan
Hay que vacío y que dolor inerme me acongoja
Tan adentro de mi vientre, de mi alma
Se ha ido el hombre que me amaba
Ya no se encuentra el hombre de carne que yo amaba
Me siento tan solo, tan poco hombre
Sin la presencia de ese hombre al que yo amaba
Me siento tan solo-
Mi Padre ha muerto-
Se ha marchado su cuerpo de la tierra
Se ha ido su cuerpo enfermo,
Cansado de la lucha eterna de la vida
Hay Dios mío que triste yo me siento
Que solo en el silencio y el bullicio
Que triste, que obscuro se ve mi firmamento
Se ha ido el hombre que yo amaba
Y ha dejado un vacío más grande que los cinco continentes
Que poco hombre yo me siento
Ante la partida del hombre que yo amaba
Aun en el vacío profundo de mis soledades
Me siento lleno entero de sus bellos recuerdos
Recuerdos miles de mi Padre que me amaba
Y me amara siempre desde el cielo
Siempre y tan incondicionalmente

Alberto Ochoa Zamora

Que soledad, hay que vacío has dejado Padre
mío
Hoy tan solo me queda recordarte.

La Tormenta

La tormenta
El ciclón
El maremoto
El temblor
El terremoto
La inundación
La desgracia total
De un desastre natural.

Natural es la muerte
De los vivos que se mueren
La desgracia, la angustia
La agonía antagonista de la felicidad.

Se mueren los seres queridos
En una tormenta pasajera que desespera,
En un ciclón que destruye con sus ventarrones,
En un maremoto que parece escupir toda el agua
del mar,
En un temblor de que nos mueve hasta la ultima
célula,
En un terremoto que lo destruye todo,
En un abrir y cerrar de ojos, sepultándolo todo,
En una inundación de lagrimas de los que nos
quedamos.

Un desastre natural,
Que nos arrebata a los seres a los que más
amamos.

Alberto Ochoa Zamora

En una avalancha,
En un respiro,
En el ultimo suspiro de la vida,
Se van,
Se nos van los seres mas queridos.

La tormenta
El ciclón
El maremoto,
El temblor,
El terremoto,
La inundación,
La muerte,
Nos arrebatan a los que más amamos.

<u>Soledad</u>

Alberto Ochoa Zamora

Soledad

Nos encontramos de nuevo,
Mi única y verdadera amiga. Soledad,
Ya pues hacia algún tiempo, que no sabia de ti.
Te cuento que a destiempo
Conocí mucha gente y amigos,
Nunca, nunca los pude encontrar:
Solo tu mi soledad eterna, mi única amistad.
Aunque tu no hables ni visible seas,
Tantas veces prefiero tu desinteresada
compañía.
Te cuento que ya no busco mas al amigo sincero,
Aquel que no lo mueve el dinero.
Ya no me importa hallar al idealizado amigo,
Pues no existe!.
Conque te tenga a ti, mi soledad, mí amiga.
Sabes?
Quisiera convidaras a todas tus amigas
soledades
Y juntas me acompañen hasta dejar de existir.
Hasta que mi Dios divino se apiade de mi.

Alberto Ochoa Zamora

Soledad Nocturnal

La soledad nocturnal mía se agudiza
En su obscuridad total.
Mi soledad se siente sola
En esta noche sin luna.
La obscuridad se obscurece
Al no ver ni siluetas,
Ni las sombras de los que por ella pasan.
Con los ojos serrados mi destino
Entre esta soledad obscura,
Mas negro e incierto me parece.
Que solo me siento.
Mis amigos todos, todos ellos se han ido.
Donde están todos amigos míos del alma.
Adónde se han ido?
¿Dónde están?
Me siento tan solo.
Mis lagrimas ruedan sobre mis mejillas,
No las veo, solo las siento mojando mi rostro
Mi paladar mas saladas hoy las saborea.
He sollozado, he llorado,
He gritado de un dolor inerme,
Que muerde, que corroe.
He lanzado mis tristezas al viento
Y este me las devuelve
Abofeteándome con ellas.
Que soledad, que tristeza, que desesperación,
Que solo me siento que me quiero morir
Para acompañarme de los muertos.
Hoy es su día noviembre 2 del 99.
Y ellos todos hoy están acompañados,

Están celebrando su falta de existir!
Que solo estoy dentro de mis múltiples
soledades-

Ya Pues Supe

Ya pues desde hace tiempo supe,
Que tus alas vuelan por otros aires.
Que bajo otros cielos y con otros anhelos,
Tus alas se extienden a lo largo y ancho de
nuevos horizontes.
Ya pues te diré, que es de mi saber
Que tus llantos y lloriqueos no existen.
Que ahora eres feliz,
Si por decir feliz a tu alegría pasajera,
Con eso digo entonces que no mas existe aquel
penar.
Ya pues entonces desde aquí te llamo,
Y no creas que reclamo que compartas tu alegría,
O compartas tu volar.
Te llamo tan solo para que sepas,
Que desde aquí de donde partiera tu vuelo
Con aquel desespero, te acompaño siempre
Y tan solo dicha le deseo a tu volar.
Ya pues entonces supe desde hace tiempo atrás,
Que tus alas surcan otros cielos,
Buscando realizar tus viejos anhelos.

Revolución Interna

Corazón que se revela contra todos y contra
nadie.
Mente que difiere en sus ideales hasta conmigo
mismo:
Quiere mi mente ser libre y pensar lo que le da la
gana.
Mi Alma se revoluciona dentro de mi espíritu
Y a la gloria eterna esta mi alma en su batalla
quiere alcanzar.

Mi corazón se niega a obedecer lo que le mando,
Y ama a quien se le antoja amar.
Mi mente abecés me traiciona en su afán de
conquistar
Los mejores pensamientos, los pensamientos de
amor
Al rojo vivo llenos de pasión y de lujuria,
Llenos ellos de amor loco, loco siempre de amor,
De amor nomás porque si, nomás así.
Mi alma en un suspiro solo, se quiere ganar el
Cielo
E irse de repente con su Dios, que es el mío
Y ganarse la gloria, la gloria eterna.

Corazón que palpita al ritmo de lo que va
sintiendo,
Agudo, moderado y retumbante
Que me hace sentir que se me quiere salir del
pecho,
Marcando así el compás de mi vivir.

Alberto Ochoa Zamora

Mente que no admite ser computarizada a
ninguna secuencia,
Sino todo lo contrario, en un mismo instante viaja
Por los vientos distancias inmensas
Y al tiempo se regresa sin consultarle a nadie
Y en menos de un abrir o un serrar de ojos
También se transporta a los lejanos futuros.
Alma mía que sublimemente anhela alcanzar
Los mas altos firmamentos, buscando entregarle
su adoración
A Cristo personalmente sin intermediarios.
Alma mía que solo a Él le pertenece…

Día Triste

Este día es un día muy triste,
Pasará y se quedará en la memoria,
Pero no en la historia,
Al final será olvidado en el olvido
De los recuerdos ya vividos.
Los dolores del alma
Todos agudos atacando al corazón.
El corazón se siente ya desfallecido
Por tanta pena inerme
Que se empeña en traerme mas y aún mas dolor.
Congoja melancólica que atraviesa mi mente
Queriendo reventar de golpe y a traición
Mi cerebro doliente, migrañoso ya desde hace
tiempo.
Es tal vez tan solo un "acuérdate de mí"
De mi querido amigo, de mi amigo Jesús.

Esta noche yo tengo un encuentro
Con mi querido Dios
El dueño de mi alma, el dueño mismo
De este adolorido corazón;
Un corazón que clama
El bálsamo divino que consuela el alma,
Bálsamo que viene de la divinidad del Cielo
Al cuál un día iré yo.

Tormenta Amarga

Que amarga soledad me traen los vientos.
Que tristeza tan grande yo siento.
Que abstracta toda la sociedad me parece.
En el momento mismo de no sentir nada.
Que lejanía tan grande hoy existe,
Que los aires absurdos trajeron consigo
Y se llevaron a la vez.
Que cielo tan gris, obscuro y empañoso.
Ha vuelto a amanecer con nubes de tormenta,
De tormenta incesante llena de amargura.
Incesante amargura que no me deja vivir.
Que gris y obscuro se ve abecés el porvenir de aquellos
Que aún no han comenzado a vivir,
En una sociedad fría donde hay poca esperanza.
La sociedad esta atrapada entre esta gran tormenta,
Que los huracanados vientos le trajera.
Dios permita que acaben las tormentas,
Y en el cielo vislumbre un rayo de luz, de fe, de esperanza.

Tal Vez

Tal vez es tiempo de partir,
De en-surcar esos cielos,
Como siempre buscando realizar mis viejos anhelos,
Digo si estos aún los tengo.
Que poca esperanza me queda de realizar
Tantos, tantos sueños.
Que solo me siento
Y que distante del resto del mundo de los vivos yo estoy.
Pero que cobarde soy de no querer partir.
No, no entiendo que hijos de puta me tiene aquí.
Como un mendigo-pordiosero de amor,
De afecto, de caricias y sonrisas.
Que péndejo soy!
La mera verdad, ya viví demasiado
Como para esperar tantas cosas.
¿Quién quiere dar amor?
Mundo, solo sabes dar amor con morbo.
¿Y sonrisas? Sonrisas de verdad,
Solo las de los niños... esas porque son inocentes,
Y cuando esta inocencia ya no este
Al mismo circulo vicioso de mierda en el que vivimos
Todos estas sonrisitas van a dar.
Que tristeza me embriaga y como me duele este corazón.
Pero que gacho se siente!
Me duele aquí adentro.

Alberto Ochoa Zamora

Bien hondo en el pecho
Y el pinché buche ni saliva me deja tragar.
Que me pasa?…no lo sé

Mil Tristezas

En esta noche callada llena de mil y una tristezas.
El corazón mío se agita.
El vino que me he tomado ya hizo sus efectos.
Me he puesto melancólico, triste, angustiado.
Por todo lo que he reflexionado.
Ya he llorado, como no lloran los hombres.
Mi llanto me ha traído consuelo.
Mi alma se siente sosegada.
Son las tantas de la noche y no tengo sueño aún.
Si es necesario me quedo despierto.
Y reflexiono mas de mis tristezas y alegrías, de mi vida.
Pocas veces me he puesto tan triste.
Me he llenado de angustias, tristezas y recuerdos.
Mis recuerdos casi todos están llenos de melancolía.
Me siento solo, completamente solo.
No tengo un afecto siquiera en quien pudiera yo confiar.
Mis lagrimas son gruesas y de nuevo caen ellas
Haciendo ríos que eroden mi cara
Purificando mi alma: embalsamando mi triste corazón.
La noche casi termina y siento paz en mi alma
Esperando el nuevo día con una nueva esperanza
Con la ilusión de que un día mi llanto sea de alegría

217

Y si no lo es, que de tristezas si así ha de ser que sea.

Coraje

Quisiera tener valor, que me sobrara coraje.
Para romperle la cara al que aquel día me insultara.
Como quisiera regresar de un solo golpe este maldito tiempo.
Y poder verme de pronto humillado y rebajado
Por los estúpidos contemporáneos mocosos de mi tiempo.
Para no tan solo quebrarles el hocico de un gúamazo,
Mas sacarles el alma, el corazón;
Y abrirlo de vez buscando donde estos escondieron su bondad,
Su afecto y el respeto que todos le debemos a todos.

No, para que regresar el tiempo si ahora puedo yo vengarme
De toda esta gente que cuando niño y aprendiz de chaval
Me abofetearan, no tan solo una mejilla,
No tan solo una vez.

Quisiera tener valor para encontrarme con estos,
Para escupirles la cara
Y sacarles gota a gota la sangre del alma.
Mas lo que mas quisiera es hacerles vomitar llanto
Hasta quedarse sin lagrimas.

Y verlos maullar como bestias pidiéndome perdón.
Pidiéndome perdón!
Que por su causa yo ahora estoy lleno de rencor.
Y no estuviera escribiendo estas letras,
Si estos hijos de puta,
Si de puta estos no hubieran nacido.

¿Cómo se llama?

Llamase vida la que se vive hoy.
Llamase soledad y amargura la que vivo yo.
Llamase tristeza y desespero, inquietud y desdén,
Juntos de la mano en circulo de cuatro.
Llamase sueño, anhelo, ilusión y esperanza,
La que quisiera vivir en circulo de amor.
Llamase angustia y desesperación,
Sufrimiento, desprecio, abandono y olvido.
Llamase vida a lo que se vive hoy.
Llena ella toda de odio y desprecio,
Incomprensión e intolerancia.
Que se llame luz, fe e ilusión.
Llámese a Dios…

Se Fueron Todos

Descubrí que no tenia amigos
Cuando solo, completamente solo me encontré.
Descubrí que todos, todos ellos amigos míos no eran.
Se alejaron de mi sin nunca haber estado.
Partieron de inmediato cuando mi posición cambió.
Se fueron, se fueron para siempre.
Cuando ellos sintieron mi falta de poder.
Mis amigos no estaban.
Mis amigos no eran.
Cuando me vieron fuerte me eludían sin cesar.
Cuando me vieron débil, nunca mas yo les vi.
Se fueron para siempre, para siempre se esfumaron.
Los amigos que las manos no alcanzaban a contarles,
Se desaparecieron, se borraron, se esfumaron.
Se desaparecieron ellos todos,
Y de las manos 10 dedos me sobraron.
Donde están mis amigos;
¿Dónde están todos ellos?
Los busco inquietamente a dondequiera que voy.
Les busco anhelante pensando encontrarles.
Y los días buscando en meses se convierten.
Y los meses se suman y en años ya están.
Se han ido todos ellos, aquellos amigos.
Se fueron todos ellos cuando el poder faltó.
Descubrí entonces que no tenia yo amigos.
Cuando me di cuenta y al querer contarles

Que me sobraban cinco dedos en cada mano
mía.
Descubrí que no tenia amigos, que amigos no
tenia.
Pues se fueron todos ellos, ellos todos se fueron.

<u>¿Avestruz O Pavo Real?</u>

Quiso volver el avestruz en forma de pavo real.
La reencarnación de un deseo que fuera fugas y también traicionero,
Regresó de repente a mi perturbada mente.
Ahora he rechazado con todas mis fuerzas ese deseo perverso,
Producto de una mente sana,
Que estúpidamente traicionara mi querida demencia.

Regresó en forma de ave real,
Pero no me engaño esta vez presumiendo de su bello linaje,
De su despampanante plumaje.

Le escupí la cara y le di una real patada en el culo
Obligando así su desplumado vuelo.
No creo que se atreva a tan siquiera tratar de volver
A cantar su hipócrita cú cú rrú cú cú.
Porque si lo hiciera le sacaría los ojos
Y a patadas le destrozaría hasta la última pluma.

Quiso volver de nuevo el avestruz disfrazado de pavo real.
Quiso volver a reencarnarse en mi aquel deseo.
Quiso engañarme otra vez aquella ave pasajera,
Aquel avestruz quiso volver, volver disfrazado de pavo real.

Adiós y Hasta Luego

Adiós y hasta luego, me despido del viento
Que me trajo un día a respirar las flores
A tocar su anatomía a palpar los pétalos
Que un día besaran mi roció
Cuando la antera tocara a tu estigma
Impregnando mi todo con su elixir de amor

Adiós y hasta pronto desisto por ahora
De conquistar sus pensamientos autónomos
Y me quedo con los míos llenos de monotonía

Adiós y hasta pronto a mis deseos de madurar un
día
Dejando en el recuerdo mis años pubertisos
Que nunca mas se acaban

Adiós y hasta pronto me llevo con el viento
Que aquí me trajo un día
Los besos, las caricias, los sueños y las risas
Las tristezas y lagrimas melancólicas del tiempo
Que abstractamente me trajeron y llevaron
Llenándome de dudas y de fugas
De pasiones y de fuegos
De anhelos y desesperos
De angustias y desvelos
Por conquistar la eterna juventud

Adiós y hasta luego apenas he aceptado
La paradoja vivida de estos años mozos
Llamados pubertisos que llenos de esperanzas

Alberto Ochoa Zamora

Me traerán un día a vivirlos de nuevo
Cuando solo en mi queden tan solo esos recuerdos
Vividos todos ellos minuto a minuto
Sentidos todos ellos por cada una de mis células
Marcándose estampados uno a uno
Aquí en mi corazón

Adiós, adiós
Pronto regresare…

Acerca De Alberto

Nací en un hermoso pueblito del pintoresco y místico estado de Michoacán, El Llano municipio de Zamora. En un día de mayo de un año aun no muy lejano les traje a mis padres su sexta felicidad de las doce felicidades que tuvieron. Mi madre Raquel Zamora Garcia mi padre Miguel Ochoa Bautista.

A temprana edad empecé mis estudios primarios en el Colegio América en el pueblo aledaño al mío, Ario de Rayón, colegio católico de las monjas del Sagrado Corazón de Jesús. Fue durante este tiempo a mis catorce años que un buen día la Madre Superiora Maximina Barajas Reyes mejor conocida simplemente como 'la madre Noemí' descubrió algunas aptitudes en mi para escribir unas cosas. La madre Noemí ha sido en mi vida una influencia que mas nunca olvidare. Me encantaba estudiar y si por mí hubiera sido me hubiera quedado siempre allá en el colegio estudiando.

Mas todo termina y pronto termine mi primaria. Siempre fui un estudiante aplicado de un promedio de 9 en casi todo lo que estudiaba. Al salir de la primaria y como pertenecía a una familia numerosa no pude continuar estudiando mas allá de la primaria.

Mi padre, Don Miguel Ochoa Bautista me trajo en su visita anual de los Estados Unidos los papeles que habría de necesitar para obtener la visa y así emigrar a l vecino país del norte. Y así un día, en el año `74 deje todos mis sueños de estudiar en mi México y buscando los sueños que no tenia me marche a California.

Al llegar a California de inmediato me di cuenta lo difícil que me iba a ser superar el shock de culturas, el adaptarme a otro modo de vivir. El enfrentar el rechazo, discriminación y racismo. Desgraciadamente aun en estos días hay gente que se cree ser superior.

Una vez en California empecé a trabajar los campos de los viñedos famosos del Valle de Napa. Aprendí que muchos de los problemas se superan levantando la frente, tratando con respeto a todos inclusive aquellos que a uno le ven mal. Aprendiendo de la gente que a uno le rodea, a veces es la ignorancia de no conocerse causa los temores y la desconfianza. Actualmente yo tengo dos patrias- Amo y amare eternamente a mi México querido y amo a mi segunda patria también, Los Estados Unidos. Y le tengo un grandísimo aprecio también a Portugal. El destino hizo de mi familia, una familia tri-cultural.

Al entender que quizás mi nueva tierra seria los Estados Unidos entendí que debería estudiar Ingles y me metí a estudiar en el colegio de Napa. Estando allí me dio por estudiar Justicia Criminal, Psicología, Ciencias Políticas y por ultimo Viticultura y Tecnología del Vino. Como dije antes quería convertirme talvez en un estudiante de tiempo completo. Tan solo me gradué en la viticultura a lo cual hasta el día de hoy me dedico.

A mis 19 mas o menos conocí a mi esposa Virginia Adelaide Cabral, una emigrante como yo nacida en Las Islas Azores, Portugal. Nos casamos y de nuestro eterno noviazgo nos nacieron dos hijos, Emmanuel Alberto y Vanessa Celeste.

Desde chaval, de chico, morro me encantaba leer y escribir pensamientos. Nunca estudie para saber escribir, mas intencionalmente me aleje de la posibilidad que mis pensamientos fueran controlados por una forma de seguir una pauta, de apegarse a una de las formas ya establecidas. Y no es que me oponga o que no concuerde con tan excelentísimas maneras literarias de escribir. Pero en mi corto entender siempre quise ser libre y quise siempre escribir lo que se me ocurriera. Y así lo hice y lo pienso seguir haciendo pidiéndoles disculpas a quienes pudiera ofender mi estilo libre, tan libre como el viento, tan libre como mi pensamiento.